essentials

Essentials liefern aktuelles Wissen in konzentrierter Form. Die Essenz dessen, worauf es als „State-of-the-Art“ in der gegenwärtigen Fachdiskussion oder in der Praxis ankommt. Essentials informieren schnell, unkompliziert und verständlich

- als Einführung in ein aktuelles Thema aus Ihrem Fachgebiet
- als Einstieg in ein für Sie noch unbekanntes Themenfeld
- als Einblick, um zum Thema mitreden zu können.

Die Bücher in elektronischer und gedruckter Form bringen das Expertenwissen von Springer-Fachautoren kompakt zur Darstellung. Sie sind besonders für die Nutzung als eBook auf Tablet-PCs, eBook-Readern und Smartphones geeignet.

Essentials: Wissensbausteine aus Wirtschaft und Gesellschaft, Medizin, Psychologie und Gesundheitsberufen, Technik und Naturwissenschaften. Von renommierten Autoren der Verlagsmarken Springer Gabler, Springer VS, Springer Medizin, Springer Spektrum, Springer Vieweg und Springer Psychologie.

Ronald Schnetzer

Achtsame Unternehmensführung

Plädoyer für ein sofortiges Umdenken im Management

Ronald Schnetzer
Zürich
Schweiz

ISSN 2197-6708
ISBN 978-3-658-06264-4
DOI 10.1007/978-3-658-06265-1

ISSN 2197-6716 (electronic)
ISBN 978-3-658-06265-1 (eBook)

Die Deutsche Nationalbibliothek verzeichnet diese Publikation in der Deutschen Nationalbibliografie; detaillierte bibliografische Daten sind im Internet über http://dnb.d-nb.de abrufbar.

Springer Gabler

Gedruckt auf säurefreiem und chlorfrei gebleichtem Papier

Springer Gabler ist eine Marke von Springer DE. Springer DE ist Teil der Fachverlagsgruppe Springer Science+Business Media
www.springer-gabler.de

Was Sie in diesem Essential finden können

- Eine fundierte Übersicht, was Achtsame Unternehmensführung ist.
- Eindrückliche Erlebnisberichte und erstaunliche Praxisbeispiele.
- Zahlreiche unterstützende Abbildungen in einem kompakten und verständlichen Text.
- Ein klares Vorgehen zur Umsetzung in 10 Schritten.
- Eine innovative Zusammenführung von Strategie, Prozessmanagement, Work-Life-Balance und Selbsterkenntnis.

Vorwort

Wie kann ich in Kürze vermitteln, was ich in den letzten 20 Jahren in der Geschäftswelt in meinen Projekten erlebt und erfahren habe; es in Erkenntnisse und Worte fassen?

Sokrates formuliert es so: „Mensch, erkenne dich selbst." Er äußert auch: „Ich weiß, dass ich nichts weiß. Die Selbsterkenntnis gibt dem Menschen das meiste Gute, die Selbsttäuschung aber das meiste Übel." Der Dalai Lama beschreibt es auf diese Weise: „Es ist die Aufgabe der Führungskraft, ein Unternehmen mit warmem und starkem Herzen zu schaffen und die Dinge so zu sehen, wie sie wirklich sind."

Der einzelne Mensch, die Unternehmungen und damit verbunden die ganze Erde stecken unübersehbar in einer Sackgasse. Wer den Mut hat, wird dies klar sehen und spüren. Die Schlüssel zu einem veränderten Verhalten sind Selbsterkenntnis, Achtsamkeit und Engagement. Dies führt unweigerlich zu dem Thema Work-Life-Balance und im weiteren Sinn zu World-Life-Balance und damit bei Unternehmungen zu Achtsamer Unternehmensführung, welche mit Achtsamem Prozessmanagement umgesetzt wird.

Achtsame Unternehmensführung, ganzheitlich verstanden, im Sinn von Achtsamem Prozessmanagement, ist der nobelste Beruf – wenn man ihn richtig ausübt. Keine andere Betätigung bietet so viele Chancen, unseren Mitmenschen zu Lernprozessen und innerem Wachstum zu verhelfen. Denn Achtsame Unternehmensführung sogt dafür, dass sie (Selbst-)Verantwortung übernehmen; etwas leisten, das anerkannt wird; und dass sie zum Erfolg eines Teams beitragen. Zu diesem Buch existiert auch ein Hörbuch.

Einige Inhalte dieser Veröffentlichung finden sich auch in dem Essential „Achtsame Selbsterkenntnis" wieder. Diese Überschneidungen sind unvermeidbar, da es sich um elementare Grundlagen handelt, welche zum Verständnis des jeweiligen Essentials notwendig sind.

Ich wünsche Ihnen auf der Reise zur Entdeckung von Selbsterkenntnis, Work-Life-Balance, Achtsamem Prozessmanagement und schließlich Achtsamer Unternehmensführung faszinierende und wirksame Ideen. Viel Vergnügen.

Last, but not least möchte ich das Engagement aller beteiligten Personen, meiner Lehrer und Lehrerinnen, meiner Studenten und Studentinnen sowie Geschäftspartner und Freunde erwähnen. Insbesondere Gerhard Binder, Markus Gappmaier und Herbert Wetzel sind mir fachlich zur Seite gestanden. Meine Partnerin Susanne Engelkamp hat mich liebevoll begleitet. Ohne sie alle wäre das Buch nicht in dieser Form erschienen. Vielen Dank.

Es ist an der Zeit, es anders als bisher zu machen und neue Wege zu gehen; in jeder Branche und bei jeder Unternehmensgröße. Ich lade Sie dazu von Herzen ein.

Anders als bisher; wenn nicht jetzt – wann dann? Wenn nicht wir – wer denn?

Zürich
im Mai 2014

Ronald Schnetzer

Inhaltsverzeichnis

1 Einleitung und Motivation

90 % der Firmen haben eine formulierte Strategie, wobei nur 10 % die darin vorgegeben Zielvorgaben erreichen. 8 von 10 Firmenchefs erwarten ein wesentlich komplexeres Umfeld, aber weniger als die Hälfte weiss, wie sie erfolgreich damit umgehen sollen. Bis 70 % der Projekte in Unternehmungen scheitern. 85 % der Mitarbeitenden sind nicht engagiert. Ein Viertel der Arbeitsproduktivität geht wegen Gerüchten, Unsicherheit, Widerstand und Ängsten verloren. Nur 7 % der Betriebe haben bereits ein Prozessmanagement und in den Firmen sind mindestens 50 % der Manager Burnout-gefährdet. Das liegt nicht an den Methoden, sondern am BewusstSein und Selbsterkenntnis!

Immer mehr Menschen verbringen die besten Jahre ihres Lebens mit einem Job, den sie nicht mögen, um immer mehr Dinge zu kaufen, die sie nicht brauchen, um einen Lebensstil zu führen, den sie nicht geniessen.

Selbsterkenntnis im Geschäftsbereich? Warum dies? Glaubt man dem Bericht des *Club of Rome*, so sieht die Zukunft der Menschheit alles andere als rosig aus. Mit 66 % Wahrscheinlichkeit wird es in spätestens 20 Jahren zum Kollaps kommen; entweder aus ökologischen, sozialen oder wirtschaftlichen Gründen. Es scheint unvermeidbar. Stimmt das wirklich? Was kann ich da schon tun? Leo Tolstoi dazu: „Niemand begeht einen größeren Fehler als jemand, der nichts tut, nur weil er wenig tun könnte."

Aufbau des Buches: Dieses Buch ist mein Plädoyer für ein sofortiges Umdenken. Es ist mir ein Herzensanliegen, mein Wissen und meine Erkenntnisse möglichst vielen Führungskräften zur Verfügung zu stellen. Die Erfahrungsberichte entsprechen wirklich Erlebtem.

R. Schnetzer, *Achtsame Unternehmensführung*, essentials,
DOI 10.1007/978-3-658-06265-1_1

Achtsame Unternehmensführung, was ist das? Das Buch führt durch die Bereiche *Begriffe, Idee, Vorgehen* und *Praxis*. Die 15 Schritte hängen dabei wie folgt zusammen. Die fett gedruckten Themen entsprechen jeweils einem der 15 Kapitel.

Achtsame Unternehmensführung (Kap. 3.1) resp. Achtsames Unternehmensmanagement umfasst auf der Basis von **Selbsterkenntnis** (2.2)**,**Achtsamkeit und **Work-Life-Balance** (2.3), auch Life-Domain-Balance genannt, alle Aktivitäten im Zusammenhang mit **Strategien** (3.3), Strukturen und Kulturen und damit alle Prozesse.

Dazu gehören insbesondere die **Strategie- und Führungsprozesse** (3.4), die Persönlichkeitsentwicklung und das **Prozessmanagement** (2.1).

Die Umsetzung von Achtsamer Unternehmensführung erfolgt durch **Achtsames Prozessmanagement** (3.2), welches die **Prozessentwicklung** (4.2), **Prozessführung** (4.3) und **Prozesskultur** (4.4) beinhaltet.

Work-Life-Balance ist ein subjektiv empfundener Zustand, in dem Arbeit und Privatleben, aber auch Gesundheit und Lebensvision miteinander im Einklang sind. Die eigene Essenz wird dabei wieder entdeckt und kann sich dann entfalten. Das einiges nicht mehr in Balance ist, ist bei genauerem Hinsehen unübersehbar. Die erschütternden **Fakten** (2.4) für Unternehmungen, die Menschen darin und die Welt insgesamt sprechen eine klare Sprache. Unbewusste ungesunde Konditionierungen resp. Verhaltensweisen hindern uns, erstens dies klar zu sehen und zweitens am stimmigen Handeln.

Es gibt bereits einige wenige **Unternehmen der Hoffnung** (5.1), dort herrscht **Spaß an der Arbeit** (5.2), ja sogar die Idee der Selbstorganisation mit einem **Management ohne Chefs** (5.3) findet bereits erfolgreiche Anwendungen in Firmen.

Zur Umsetzung von Achtsamer Unternehmensführung mittels Achtsamem Prozessmanagement schlage ich **10 Schritte** (4.1) vor. Diese sind zudem eine aktive Burnout-Prävention sowohl die für Führungskräfte als auch für die Beschäftigten.

Begriffe 2

Um Achtsame Unternehmensführung zu verstehen, ist es notwendig die Ideen dahinter zu sehen. Was ist nun Prozessmanagement genau? Was ist Selbsterkenntnis? Was ist unter Work-Life-Balance zu verstehen? Wie bringe ich das zusammen? Warum ist dies überhaupt notwendig? Dazu schauen wir uns auch eine Auswahl erschütternder Fakten über die Unternehmungen, die Menschen darin und die Welt an.

2.1 Prozessmanagement

► **Prozessmanagement**, verstanden als kundenorientiertes Unternehmensmanagement, umfasst, wie in Abb. 2.1 dargestellt, die drei Säulen Prozessentwicklung (Methode, Techniken), Prozessführung (Gremien, Kennzahlen) und Prozesskultur (Werte, Grundsätze). Diese basieren auf den Kundenbedürfnissen und der Unternehmensstrategie.

► Ein **Prozess** ist eine Abfolge von Aufgaben, welche Input-Leistungen in Output-Leistungen umwandelt (=Vorgang der Transformation oder Wertschöpfung), welche dem (internen oder externen) Prozesskunden einen zusätzlichen materiellen oder immateriellen Nutzen bringt (added-value). Jeder Prozess hat mindestens einen Prozesskunden, für den die Leistung erbracht wird. Deshalb orientiert sich die Prozessentwicklung an den Bedürfnissen der Kunden und Mitarbeitenden.

Prozesse gibt es auf verschiedenen Ebenen (Abstraktions- resp. Konkretisierungsstufen): Makroprozesse auf der Prozesslandkarte, Mikroprozesse auf dem Makrodiagramm, Ablaufmodelle der Mikroprozesse. Prozessmanagement umfasst zur

R. Schnetzer, *Achtsame Unternehmensführung*, essentials,
DOI 10.1007/978-3-658-06265-1_2

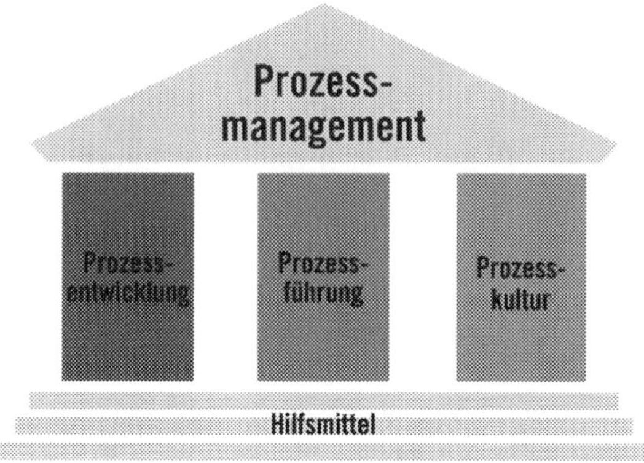

Abb. 2.1 Prozessmanagement-Haus mit 3 Säulen

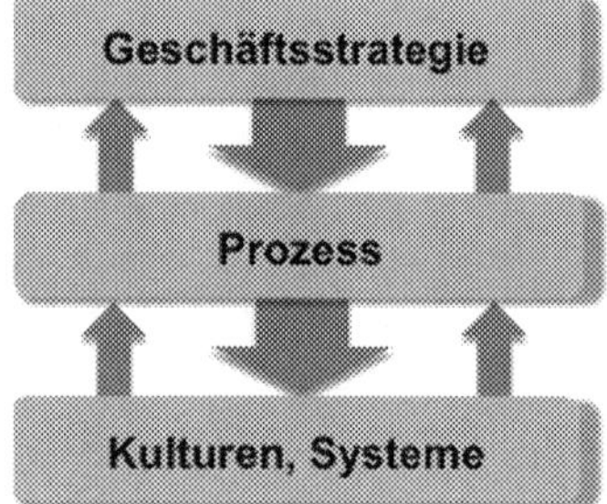

Abb. 2.2 Von der Strategie über die Prozesse zu Systemen und Kulturen

Führung und Unterstützung alle Prozesse (Leistungs-, Management- & Unterstützungsprozesse). Somit sind alle Aktivitäten eines Unternehmens Teil eines Prozesses! Jede Anpassung oder Optimierung, sei es mittels eines Projektes oder *on-the-job* verändert somit auch einen Prozess. Jedes Projekt oder jede Optimierung ändert einen Prozess!

Die Prozesse sind, wie in Abb. 2.2 dargestellt, die Verbindung zwischen der Strategie, den Kulturen und Systemen.

Abstrakt gesehen ist der große Prozess eines Unternehmens: **E**ingabe (Input) dann **V**erarbeitung (Prozess) dann **A**usgabe (Output). Dieses EVA-Prinzip ist immer gültig, außer bei Firmen, die keinen Input brauchen; das wäre dann ein *Perpetuum mobile* oder keinen Output produzieren; wobei diese wohl schnell in Konkurs gehen würden.

Prozessmanagement findet sich in vielen Managementkonzepten wieder und ist selbst zu einem umfassenden Führungs- und Steuerungsinstrument gereift. Ansätze wie Business Process Reengineering (BPR) , Business Engineering (BE),

Geschäftsprozessmanagement (GPM), Ganzheitliches GPM (gGPM) , Geschäftsprozesse mit menschlichem Antlitz, Geschäftsprozessoptimierung (GPO), Strategisches Prozessmanagement, Operatives Prozessmanagement, Workflow-Management (WFM), Business Analyse, Kontinuierlicher Verbesserungsprozess (KVP), KAIZEN, Qualitätsmanagement (QM), Total Quality Management (TQM), ISO-9000-Standardisierung, EFQM Excellence Modell, Self-Assessment oder jüngst Business Process Management (BPM) haben im Kern alle eins gemeinsam → **den Prozess**.

In der Praxis existieren weitere Konzepte und Methoden, welche zumindest versuchen, einzelne Aspekte von Achtsamkeit in die Prozessentwicklung zu bringen. Hier als Beispiele:

- **Betriebliches Gesundheitsmanagement(BGM)** setzt sich als Gesamtkonzept aus freiwilliger Betrieblicher Gesundheitsförderung (BGF), gesetzlichen Arbeitsschutzvorschriften sowie weiteren koordinierten Maßnahmen zusammen. Ziel ist es, die Gesundheit, die Motivation und das Wohlbefinden der Mitarbeitenden zu erhalten und zu fördern.

- Der Begriff **Corporate Social Responsibility** (CSR) bzw. Unternehmerische Gesellschaftsverantwortung (oft auch als *Unternehmerische Sozialverantwortung* bezeichnet), umschreibt den freiwilligen Beitrag der Wirtschaft zu einer nachhaltigen Entwicklung, die über die gesetzlichen Forderungen (Compliance) hinausgeht.

2.2 Selbsterkenntnis & Achtsamkeit

- **Selbsterkenntnis** (Englisch *Self-Knowledge resp. Self-Awareness*) ist die Beobachtung des eigenen Verhaltens im Alltag sowie die Selbstreflexion, das Nachdenken über sich selbst und das kritische Hinterfragen des eigenen Denkens und Handelns.

- **Achtsamkeit** ist eine besondere Form der Aufmerksamkeit, die authentisch (nach innen), stimmig (nach außen) und bewusst ist. Achtsam handeln heißt, wirklich bewusst handeln. Achtsamkeit ist die Fähigkeit unseres Geistes, die Dinge so zu sehen, wie sie wirklich sind.

Abb. 2.3 Die 3 Phasen der Selbsterkenntnis

► **Konditionierungen** sind antrainierte Verhaltensmuster, Glaubenssätze und Erwartungen der Eltern, an sich selber und andere. Wir lernen dies in den ersten etwa sechs Lebensjahren im Umfeld, vor allem in unserer Familie. Beispiele sind: Perfektionismus, keine Schwäche zeigen, Status- und Prestigestreben, Wettkampf- und Konkurrenzdenken, Anpassung statt Ehrlichkeit, keine Gefühle zeigen, sich zurückhalten, Manipulation, immer lächeln oder immer ernst sein, Anreiz über Leistung, die Illusion der materiellen Werte sowie nicht angesprochene Tabus wie Angst, BewusstSein, Moral, Macht, Geld, Gier und Alter.

Der Volksmund sagt: „Selbsterkenntnis ist der erste Schritt zur Besserung."

Selbsterkenntnis ist das Erkennen, wer ich bin, was mich motiviert und wie ich mich mit welchen Entscheidungen und Handlungen in der Welt bewege. Es geht bei der Selbsterkenntnis auch um das Erkennen der eigenen **Konditionierungen** und Ressourcen resp. Kraftquellen. Möglichkeiten der Selbsterkenntnis sind unter anderem die Introspektion (Selbstbeobachtung), das Beobachten des eigenen Verhaltens, das Beobachten anderer Menschen, das Gewinnen von Erkenntnis durch Rückmeldungen und Feedbacks, durch Selbstreflektion, durch körperorientierte Methoden und auch durch meditative Praktiken.

Der **Prozess der Selbsterkenntnis** umfasst gemäß Abb. 2.3 drei Schritte:

1. Als erstes gilt es, **A**chtsamkeit zu erlangen für das, was in einem selbst, im eigenen Umfeld, in den Unternehmungen und auf der Welt geschieht. Dazu gehören auch das *Sich-Informieren* und das Erkennen von ungesunden Verhaltensweisen.

2. Danach folgt das **A**kzeptieren und Verinnerlichen der Situation, auch des eigenen Verhaltens. Dies kann zu Empörung, Wut und Trauer sowie anderen starken Gefühlen führen, die ihren Platz haben wollen. Einsicht und Akzeptanz ist gefragt.
3. Nur dann kann eine authentische, reflektierte und stimmige **A**ktion, ein Engagement, nach Innen oder Außen stattfinden.

Der Begriff **Achtsamkeit** (Englisch *Mindfullness*) breitet sich in Forschung zur Entspannung und Stressreduktion sowie in der Wirtschaft erfreulicherweise immer mehr aus. Kabat-Zinn arbeitet mit seinem MBSR-Programm (*Mindfulness-Based Stress Reduction*) seit Jahrzehnten erfolgreich: „Es ist nur angemessen und wiederum im Sinne der vollen Offenheit, gleich zu Beginn zu sagen, dass die Kultivierung von Achtsamkeit wohl die schwerste Aufgabe der Welt sein kann."

Achtsamkeit kann klar von *Konzentration* abgegrenzt werden. Konzentration fokussiert auf ein bestimmtes Objekt, es wird eng. Achtsamkeit ist genau im Gegenteil; sie weitet sich aus und ist die urteilsfreie Aufmerksamkeit auf das, was gerade ist. Achtsamkeit ist eine Fähigkeit, die erlernt werden kann. Oft wird *Achtsamkeit* auf den Buddhismus zurückgeführt, wo er ein Basiselement ist. Die Kultivierung der Achtsamkeit ist allerdings nichts ausschließlich Buddhistisches. Ich bin auf die Achtsamkeit gestoßen, bevor ich erfahren habe, dass die Buddhisten ebenfalls Achtsamkeit als zentral betrachten. Ich bezieh mich daher mit *Achtsamkeit* nicht explizit darauf, sondern auf die beschriebene Definition der wirklich bewussten Handlung.

2.3 Work-Life-Balance

▶ **Work-Life-Balance** bedeutet Ausgewogenheit zwischen Berufs- und Privatleben unter bewusstem Einbeziehen von Gesundheit und Lebensvision. Die eigene Essenz wird durch Work-Life-Balance allmählich wieder entdeckt und das individuelle Potenzial kann sich entfalten. Die vier Dimensionen der Work-Life-Balance sind Lebensvision, soziales Umfeld, Körper & Gesundheit sowie Beruf & Business

▶ **World-Life-Balance** (Welt-Lebens-Balance) bedeutet Ausgewogenheit zwischen Natur (Ökologie), Menschen (Sozialem), Wirtschaft (Business) und Sinn (Spiritualität) auf der Basis von Selbsterkenntnis, Achtsamkeit und Work-Life-Balance.

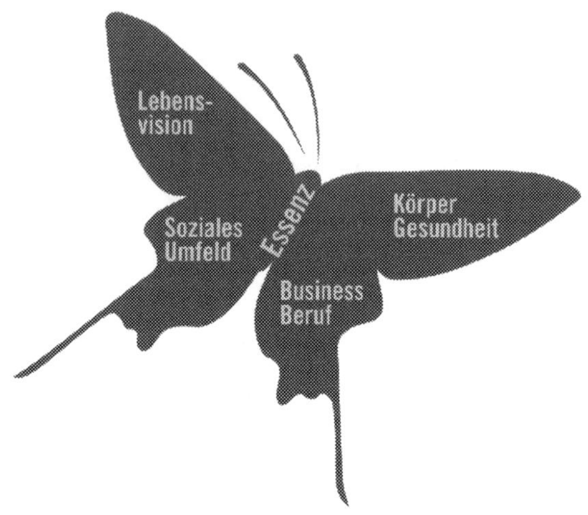

Abb. 2.4 Work-Life-Balance; Schmetterling mit 4 Dimensionen

Work-Life-Balance kann gemäß Abb. 2.4 in vier Dimensionen gesehen werden, die helfen, alle Situationen und Informationen für sich persönlich, für eine Unternehmung oder die Gesamtsituation der Welt zu ordnen.

Das Bild eines Schmetterlings mit seinen vier Flügeln eignet sich sehr gut als Darstellung der vier Dimensionen. Nur wenn alle vier Flügel im Gleichgewicht, also balanciert sind, kann der Schmetterling fliegen. In der Mitte hält der Körper, die persönliche Essenz jedes Menschen, seine Lebensbereiche zusammen und steuert die Balance.

Teilweise werden, um die Vielfalt der Lebensbereiche zu betonen, die Begriffe ***Balance***, ***Life Domain Balance*** oder ***Life-Leadership***, wie es im Amerikanischen genannt wird, oder, um die Familiendimension deutlich einzubeziehen, ***Work-Family-Balance*** verwendet. Im weiteren spreche ich von **Work-Life-Balance**, da sich dieser Begriff eingebürgert hat und die meisten sich darunter bereits etwas vorstellen können.

Leider wird mit Work-Life-Balance nach wie vor oft eine eingeschränkte Sichtweise verbunden und auf folgende Themen reduziert: Flexible Arbeitszeiten, Teilzeitarbeit, familienbezogener Urlaub, Heimarbeit, Kinderbetreuung, Massageangebot, wöchentlicher Früchtekorb im Büro, Betriebsklimadiskussionen. Damit wird das Thema vorwiegend auf Wellness und Gesundheit im körperlichen Sinn reduziert und die angesprochenen Maßnahmen nützen oft kurzfristig gesehen am meisten den Unternehmen selbst und nicht den Mitarbeitenden. Personal- resp. noch besser Persönlichkeitsentwicklung sowie Selbsterkenntnis und schließlich auch Achtsame Unternehmensführung mit Achtsamem Prozessmanagement werden dabei sträflich vernachlässigt.

Wird die Balance auf die ganze Welt angewendet, kann von **World-Life-Balance** (Welt-Lebens-Balance) gesprochen werden. Die vier Dimensionen sind dann Wirtschaft, Menschen, Natur und Sinn. Achtsame Unternehmensführung führt auch zu World-Life-Balance.

Erfahrungsbericht: Arbeiten und Leben in Vietnam

Mein Herz rast aufgeregt. Ich schwitze. Tropische Vögel singen. In einem kleinen Holzboot werde ich über den unglaublich breiten Fluss gerudert. Wie eine Wasserfontäne springt er hoch; da ist er, der Mekong-Delphin. Die freiwillige WWF-Helferin flüstert: „Das ist einer der letzten, das Wasser ist zu schmutzig, keine Chance mehr". Oje, was für ein Ausflug für mich. Es dröhnt noch in meinen Ohren. Die Motorengeräusche der 2,5 Mio. Motorroller in der 10 Mio. Stadt Saigon sind wie ein Hummelschwarm den ganzen Tag wahrnehmbar. Hier arbeite ich nun seit Monaten als Berater für Prozessmanagement beim Aufbau von neuen Unternehmungen. Jeden Morgen auf dem Arbeitsweg schmerzen meine durch den Schmutz schwarzen Augen. Ich bin froh, jetzt in der Natur zu sein. Unglaublich, so ein schönes Land. Vietnam, mit so vielen Einwohnern wie Deutschland, erholt sich gerade vom Krieg und schon kommt der nächste Schock: Freie Marktwirtschaft. Vietnam ist weltweit zweitgrößter Kaffeeproduzent, wobei Deutschland Vietnams größter Kaffeeabnehmer ist. Die neuen Werte im Geschäftsumfeld sind hier „So viel verdienen wie möglich" und „trau keinem anderen". Wer kann es ihnen verübeln nach Jahrzehnten der Unterdrückung. Doch wo führt das hin? Die Umwelt, die Delphine, ja sogar ein einzelnes Menschenleben zählen kaum etwas. In Saigon verdient ein Angestellter 100 $ im Monat, das ist viel, naja im Vergleich zu Kambodscha, wo das Tageseinkommen unter einem Dollar liegt. Ich schäme mich. Da verdiene ich doch in der Schweiz in ein paar Wochen mehr als ein Vietnamese in seinem ganzen Leben. Und die haben keine 4 Wochen Urlaub. Ich kann es nur beobachten und den Schmerz in meiner Brust fühlen, Trauer, Wut, und Ohnmacht.

- Menschen werden seit Jahrzenten nicht glücklicher
- Im Jahr 1 lebten 200 Mio., zu Goethes Zeiten 1 Mia., 1960 3 Mia., heute 7 Mia.
- ½ der Menschen leben in Städten, die meisten in Slums
- es sind 1,5 Erden nötig für Regenration
- pro Sekunde verschwindet ½ Fussballfeld Regenwald, = ½ Deutschland pro Jahr
- 5-10 % der Beschäftigten haben Burnout, 50 % sind gefährdet
- 50 % klagen über Stress, WHO hat Stress als grösste Gesundheitsgefahr des Jahrhunderts deklariert
- 1/3 der Lebensmittel gehen in den Müll
- Jeder 5. leidet an Depression
- 50 % der Informationen sind für Manager überflüssig
Lebens-vision
Soziales Umfeld
Essenz
Körper Gesundheit
Business Beruf
- alle 5 Sekunden verhungert ein Kind, insgesamt hungern 1 Milliarde Menschen
- 20 % haben 85 % des Einkommens, nur 700 Familien weltweit besitzen fast alles, dies sind etwa 3 Familien pro Land
- 700 Mio. Euro an Zinsen gehen jeden Tag in Deutschland an Vermögende
- ¼ der Jugendlichen in Europa sind arbeitslos
- jedes 10. Kind lebt bei uns in Armut
- 90 % haben eine formulierte Strategie, nur 10 % erreichen diese Ziele
- 70 % der Projekte scheitern
- 140 Firmen machen ½ des Weltumsatzes
- ¼ der Arbeitsproduktivität geht wegen Gerüchten, Unsicherheit, Widerstand und Ängsten verloren
- nur 7 % haben ein Prozessmanagement
- 85 % der Beschäftigten sind nicht engagiert

Abb. 2.5 Wichtige Fakten

2.4 Fakten über Unternehmen und die Welt

Bewährte Denk- und Organisationsstrukturen sowie tradierte Wertvorstellungen verlieren ihre Gültigkeit (siehe Abb. 2.6). Orientierungsvakuum und Sinnkrise äußern sich in Stress, Depression und Burnout. Alarmierende Studien und Artikel über Burnout sind jede Woche zu lesen. Auch werden die Menschen, eben auch die Beschäftigten und Manager, seit vielen Jahren nicht glücklicher (siehe Abb. 2.5). Offenbar liegt dies nicht an den Methoden und Techniken, denn diese sind hinreichend bekannt. Woran liegt das? Allenfalls an den unbewussten ungesunden Konditionierungen? Dazu eine kleine Geschichte.

> Jeden Morgen wacht in Afrika eine Gazelle auf. Sie weiß, dass sie schneller rennen muss als der Löwe, um zu überleben. Jeden morgen wacht in Afrika ein Löwe auf. Er weiß, dass er schneller als die Gazelle rennen muss, um nicht zu verhungern. Also egal ob du Löwe oder Gazelle bist – wenn die Sonne aufgeht, lauf um dein Leben.

Wer kennt dieses Gefühl nicht? Viele von uns verhalten sich tatsächlich so. Aber wir sind weder Löwen noch Gazellen sondern Menschen, die fähig sind, über den Kampf-oder-Flucht-Reflex hinauszuwachsen. Dazu braucht es Selbsterkenntnis.

Prozessentwicklung
- Möglichst alles dokumentieren und genau vorschreiben
- Ungenutztes Potenzial ausschöpfen
- nach Perfektion streben
- Technologie ist immer besser als der Mensch geeignet

Prozesskultur
- Wir sind immer die Besten und können alles sofort lösen
- Burnout haben nur faule Leute
- Privates ist strikt von der Arbeit zu trennen und wir haben eine Präsenzzeiten-Kultur
- Work-Life-Balance ist Privatsache

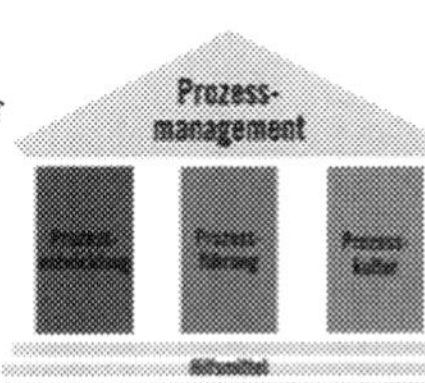

Prozessführung
- Regeln, Standards und Kontrolle sind notwendig
- Effizienz und Preis sind der Maßstab
- Konkurrenten sind zu überbieten
- Wachstum und Gewinnmaximierung sind absolut überlebenswichtig für die Unternehmung

Abb. 2.6 Ungesunde Konditonierungen

Der Kategorische Imperativ sollte in einem Unternehmen und für eine Person immer die erste Priorität haben: „Handle so, das es zum allgemeinen Gesetz werden könnte".

Erfahrungsbericht: Projekteinsatz in den Vereinigten Arabischen Emiraten in Abu Dhabi

Endlose Sanddünen. Der Wind weht mir heiß ins Gesicht. Ich bin als Coach für Prozessentwicklung für ein mehrwöchiges Projekt nach **Abu Dhabi** gekommen, in dieses endlos reiche Emirat. Vor gut 40 Jahren sind die hier noch mit ihren Kamelen durch die Wüste geritten. Vor einiger Zeit haben sie hier viel Erdöl gefunden und spielen das Spiel, „Was kann ich mit Geld alles kaufen und bauen?". Künstliche Inseln mit Hotels, Museen, Shopping Center, Vergnügungsparks oder eine Formel-1-Strecke sind geplant oder schon realisiert. Der Scheich hat sich den Englischen Fußballclub Manchester City gekauft, der daher kürzlich, dank des Geldes, Englischer Fußballmeister wurde. Selbstverständlich gibt's zu den Spielen Direktflüge von Abu Dhabi nach Manchester. Die Machtverhältnisse auf der Welt ändern sich enorm und das nicht zum Guten und das wird überhaupt nicht wahrgenommen. Mitten in der Wüste entsteht dort auch eine Riesenstadt, die dann vom Erdöl unabhängig sein wird. Die besten Architekten und Techniker der Welt helfen mit, klar hier gibt's ja auch Geld zu verdienen. Die mehr als 100.000 Arbeiter stammen aus Pakistan,

Indien oder Indonesien, werden flugzeugweise eingeflogen, arbeiten Tag und Nacht zu einem Lohn, mit dem sie sich hier keine Limonade leisten können. Nach einigen Jahren werden sie dann zu ihren Familien zurück gebracht. Wir Europäer gehen dann in diese Hotels und Anlagen, um dort unseren Urlaub zu verbringen. Sind wir uns denn bewusst, was wir da machen? Was ist bloß los auf dieser Welt? Schmerz in meiner Brust: Trauer, Wut, Ohnmacht.

Idee 3

Wir schauen uns nun die Zusammenhänge von Unternehmensführung, Achtsamkeit, Prozessmanagement, Strategie, Struktur, Kultur und Führung an.

3.1 Achtsame Unternehmensführung

Achtsame Unternehmensführung resp. **Achtsames Unternehmensmanagement** umfasst auf der Basis von Selbsterkenntnis, Achtsamkeit und Work-Life-Balance (Life-Domain-Balance) alle Aktivitäten (Strategie, Strukturen und Kulturen) und damit alle Prozesse in einem Unternehmen. Dazu gehören insbesondere die Strategie- und Führungsprozesse, die Persönlichkeitsentwicklung und das Prozessmanagement. Die Umsetzung erfolgt durch Achtsames Prozessmanagement, welches die Prozessentwicklung, Prozessführung und Prozesskultur beinhaltet.

> Unsere Vorfahren hielten sich an den Unterricht, den sie in ihrer Jugend empfingen; wir aber müssen jetzt alle fünf Jahre umlernen, wenn wir nicht ganz aus der Mode kommen wollen.
> (Johann Wolfgang von Goethe)

Im Zentrum der Abb. 3.1 steht die Selbsterkenntnis. Darum kreisen die drei Basisfragen des Prozessmanagements mit Strategie und Struktur. Diese werden mit weiteren drei Fragen ergänzt, welche aus der Kultur stammen. Achtsamkeit ist die Basis und umfasst alles. Daraus wird Achtsames Prozessmanagement. Werden die letzten drei Fragen aus der Unternehmensführung noch ergänzt, so haben wir Achtsame Unternehmensführung (siehe auch Abb. 3.2).

R. Schnetzer, *Achtsame Unternehmensführung*, essentials,
DOI 10.1007/978-3-658-06265-1_3

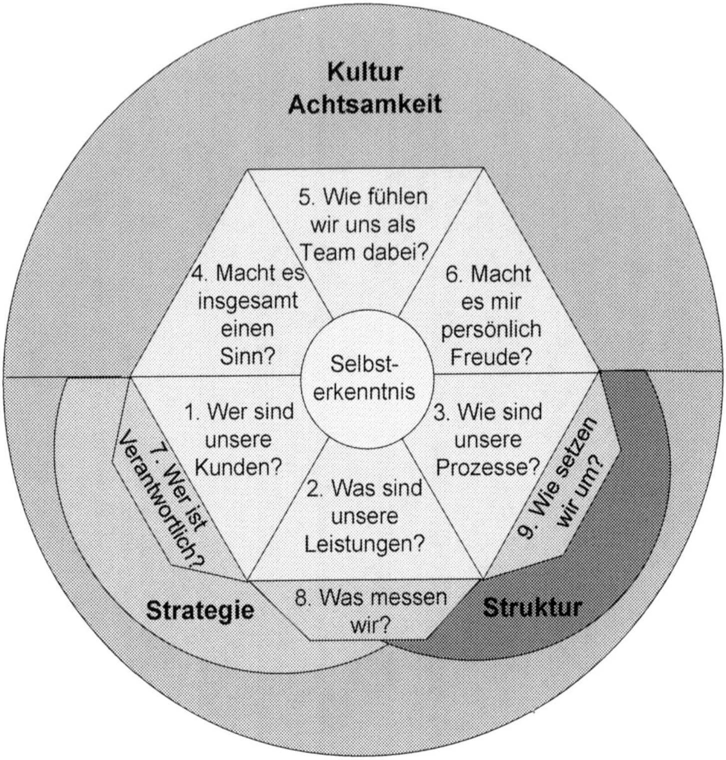

Kultur
Achtsamkeit
5. Wie fühlen wir uns als Team dabei?
4. Macht es insgesamt einen Sinn?
6. Macht es mir persönlich Freude?
Selbst-erkenntnis
1. Wer sind unsere Kunden?
3. Wie sind unsere Prozesse?
2. Was sind unsere Leistungen?
7. Wer ist verantwortlich?
9. Wie setzen wir um?
8. Was messen wir?
Strategie
Struktur

Abb. 3.1 **1.–3.** Prozessmanagement. **1.–6.** Achtsames Prozessmanagement. **1.–9.** Achtsame Unternehmensführung

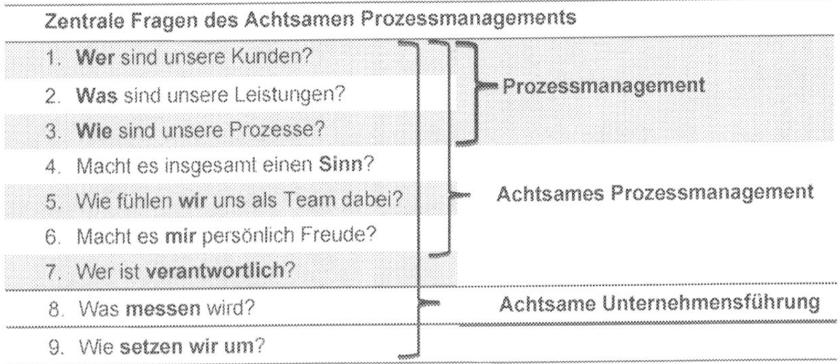

Zentrale Fragen des Achtsamen Prozessmanagements	
1. **Wer** sind unsere Kunden?	Prozessmanagement (1.–3.)
2. **Was** sind unsere Leistungen?	
3. **Wie** sind unsere Prozesse?	
4. Macht es insgesamt einen **Sinn**?	Achtsames Prozessmanagement (1.–6.)
5. Wie fühlen **wir** uns als Team dabei?	
6. Macht es **mir** persönlich Freude?	
7. Wer ist **verantwortlich**?	
8. Was **messen** wird?	Achtsame Unternehmensführung (1.–9.)
9. Wie **setzen wir um**?	

Abb. 3.2 Zentrale Fragen der Achtsamen Unternehmensführung

Was ist der **Nutzen einer Achtsamen Unternehmensführung**? Der Nutzen von Achtsamer Unternehmensführung mittels Umsetzung eines Achtsamem Prozessmanagement lässt sich wie folgt zusammenfassen: Aus der Strategie abgeleitete, umgesetzte Prozesse (Prozessentwicklung), faire und stimmige Führung (Prozessführung) sowie engagierte und gesunde Mitarbeitende (Prozesskultur) führen zu besseren Leistungen und Produkten und somit zu zufriedenen Kunden und besseren Geschäftsergebnissen.

Zu meiner Freude beobachte ich, dass anerkannte Management-Vordenker unserer Zeit ebenfalls in diese Richtung argumentieren. Prof. Franz Josef Radermacher, Mitglied der Denkfabrik *Club of Rome*, sieht eine Welt mit Zukunft nur mit einer ökosozialen Perspektive. Insgesamt gibt es global immer mehr Armut, Elend, Hunger sowie Kriege und die Erde wird mehr und mehr ausgebeutet und zerstört. Jedes Kind würde darauf sagen: „Das ist verrückt!" Hans A. Wüthrich schlägt vor, Muster zu brechen, sowohl in den Prozessen aber auch im eigenen Führungsverhalten. Dies richtet sich an alle, „die im Rahmen ihrer Führungstätigkeit ungute Gefühle erleben und nicht länger bereit sind, als Marionetten ihrer Führungsreflexe zu funktionieren". Steht eine Management-Revolution an?

Auch der Harvard-Professor und 2011 zum Top-Managementvordenker gewählte Clayton M. Christensen stellt die Frage nach dem Sinn des Lebens. Wie können diese Ideen und Forderungen mit Unternehmensführung und Prozessmanagement verbunden werden? Der Zusammenhang sieht wie folgt aus:

Die Prozessentwicklung, ganzheitlich verstanden, ist **der einzige Zeitpunkt**, in dem tatsächlich bewusst Veränderungen innerhalb eines Unternehmens stattfinden und Selbsterkenntnis ist das einzige effektive Mittel. Genau da ist Achtsamkeit in der Führung, im Prozessmanagement und speziell in der Prozessgestaltung einzubringen.

3.2 Achtsames Prozessmanagement

▶ **Achtsames Prozessmanagement** umfasst bewusst gestaltete Leistungen und Arbeitsprozesse sowie die Prozessführung und Prozesskultur, die Achtsam von der Strategie abgeleitet werden unter Berücksichtigung der Work-Life-Balance der Mitarbeitenden, welche auf Selbsterkenntnis basiert.

Die Projekte bringen nicht die erhofften Resultate. Auch sind sie meist von einer ungesunden Hektik getrieben. Die Leute sind müde, ausgelaugt und haben wenig Spaß an der Arbeit. Ein Prozess beginnt und endet mit einer Leistung (Produkt oder Dienstleistung) beim internen oder externen Kunden. Dies bedeutet, dass alles in

Abb. 3.3 Sehnsucht

einem Betrieb durch einen Prozess fließt. Eigentlich klingt dies einfach, doch das Umsetzen scheitert oft an Missverständnissen, fehlender Techniken und nicht vorhandener Erkenntnisse sowie am mangelnden BewusstSein und fehlender Selbsterkenntnis der Beteiligten.

Wo bleiben Gerechtigkeit, Liebe, Qualität, Fairness und Würde? Mehr und mehr Menschen stellen sich glücklicherweise diesen Themen. Es wird eine Energie des Aufwachens spürbar. Es geht nicht darum, ausschließlich Prozesse oder das System zu ändern, dies würde nicht viel bewirken, sondern es geht darum, die Menschen zu mehr Selbsterkenntnis und Bewusstsein zu begleiten. Diese Menschen passen das System und Prozesse automatisch stimmig, nachhaltig und würdig an. Qualität, Gerechtigkeit und Würde sind in den Prozesse zu etablieren.

Antoine de Saint-Exupéry dazu: „Wenn Du ein Schiff bauen willst, so trommle nicht Leute zusammen, um Holz zu beschaffen, Werkzeuge vorzubereiten, Aufgaben zu vergeben und die Arbeit einzuteilen, sondern wecke in ihnen die Sehnsucht nach dem endlosen, weiten Meer.“

Es geht sinngemäß nach Saint-Exupéry darum, die Sehnsucht nach sich selbst und einer besseren Welt, besseren Arbeitsprozessen zu wecken (siehe Abb. 3.3). Die dann notwendigen Werkzeuge sind bereits vorhanden. Es braucht dazu nur zwei Voraussetzungen, die erste ist, dies zu sehen und die zweite, den Mut zu haben, den ersten Schritt zu tun. Auch wenn noch nicht alle Fragen dazu endgültig geklärt sind, ist aufgrund des offensichtlichen Handlungspotenzials keine Entschuldigung mehr zulässig, nicht sofort damit zu beginnen. Anders als bisher; wenn nicht jetzt – wann dann?

Die Umsetzung einer prozessorientierten Organisation bezweckt die durchgängige Kundenorientierung unter Berücksichtigung der Mitarbeitenden.

3.3 Strategie, Struktur, Kultur und Prozesse

Erfahrungsbericht: Urlaub in der Südsee

Auf der Südseeinsel Vanuatu leben nach dem Happy Planet Index die glücklichsten Menschen der Erde. Ich stehe grade am leuchtend weißen Sandstrand. Das in allen Blautönen glänzende Meer beruhigt mich. Das Dorf besteht aus weißen, kleinen Steinhäusern und in den Gärten dahinter wachsen wie im Paradies tropische Früchte wie Papayas, Bananen und Mangos und alles erdenkliche Gemüse. Fische im Meer, Trinkwasser auf der Insel. Eine beschauliche Energie ist spürbar. Ja, so möchte ich auch leben. Die haben alles, die brauchen uns nicht. Doch was ist das? Auf dem ersten Haus sehe ich eine Fernseh-Antenne. Mein einheimischer Führer erzählt, dass die Familie einen Fernseh-Apparat von japanischen Investoren geschenkt bekommen hat, auf diese Weise entstehen materielle Werte und Neid. Plötzlich ist Geld relevant. Die Einheimischen müssen sich korrekt anziehen, Kleider kaufen, natürlich in einem Shop in der Hauptstadt, welcher, wie die meisten Shops dort, von Chinesen geführt wird. Er sagt, die sind viel geschäftstüchtiger als wir, wir haben keine Chance. Wieder Schmerz in meiner Brust: Trauer, Wut und Ohnmacht.

Gerade in der heutigen lebendigen Situation, in denen sich Unternehmen befinden, gehört eine Strategie zu einem der wichtigsten Bestandteile des Managements. Dynamik, Komplexität, Schnelligkeit und Vielfältigkeit im Unternehmensumfeld erschweren die Beständigkeit und damit die Existenz der Unternehmen. Doch eines ist ganz sicher, siehe dazu Abb. 3.4: **Die Prozesse sind im Zentrum aller Aktivitäten einer Unternehmung!** Es geht um Strategien, Strukturen und Kulturen, ob Optimierung oder Erneuerung und somit um die Achtsame Unternehmensführung und als Umsetzung das Achtsame Prozessmanagement mit Prozessentwicklung, Prozessführung und Prozesskultur.

- Wie kann Achtsame Unternehmensführung umgesetzt werden?
- Wie bringen Selbsterkenntnis und Work-Life-Balance Geschäftsvorteile?
- Was unterscheidet den *Erfolgreichen* vom *Verlierer*? Was ist erfolgreich?
- Wie können wir vom Konkurrenzdenken zu Kooperation und Gemeinwohl kommen?
- Ist Wachstum die einzige Option? Gibt es machbare und nachhaltige Alternativen?

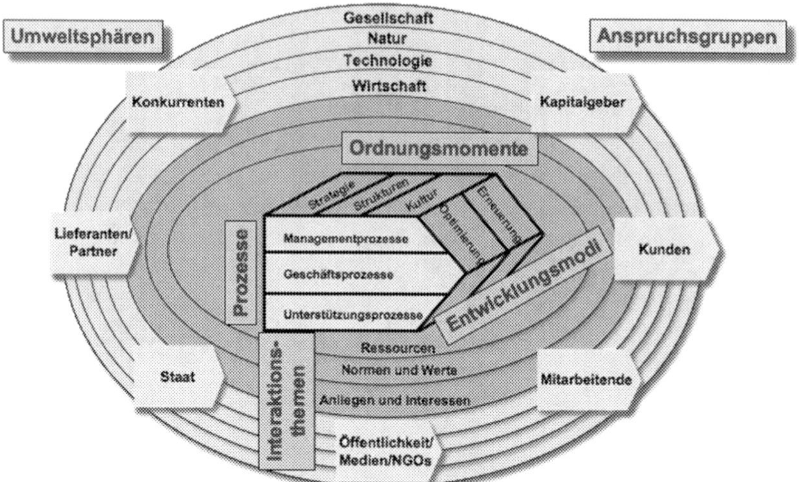

Abb. 3.4 Beispiel eines Managementansatzes (Rüegg-Stürm) – Die Prozesse sind im Zentrum aller Aktivitäten einer Unternehmung!

Strategieumsetzung heute Gemäß einer Studie von Deloitte haben etwa 90 % der Firmen eine formulierte Strategie, wobei nur 10 % die darin vorgegeben Zielvorgaben erreichen. Wir haben bereits gesehen, dass die Mehrheit der Projekte und Vorhaben in Unternehmungen scheitern. Die Strategie ist einerseits auch ein Vorhaben, dass gemäß Studien eben auch in der Mehrheit scheitert und andererseits ein Scheitergrund selbst für andere Vorhaben. Sechs Faktoren sind ausschlaggebend für das Scheitern von Reorganisationen

1. die Orientierung an strategischen Zielen
2. klare Rollen und Verantwortlichkeiten
3. Führungskompetenz
4. Dezentrale Organisationsgestaltung
5. Umsetzungskompetenz
6. die Wahl des richtigen Zeitpunkts

Unternehmen tun sich schwer, wenn es um konsequente Umsetzung geht. Als Hauptursache werden Zeitmangel und Tagesgeschäft genannt; also den Wald vor lauter Bäume nicht mehr sehen. Kann da Selbsterkenntnis helfen? Ein Blick auf gängige **Fehler bei einer Strategieentwicklung**:

- Zu starke Sicht von innen nach außen (ungenügende Marktperspektive)
- Keine visionäre Zugkraft für Stakeholder, für Kunden und Mitarbeitende
- Fehlender Kreativitäts- und Innovationsgehalt der Strategie
- Unkonkrete Aussagen wie *wir sind schneller, besser, billiger*
- Alte Daten in die Zukunft fortschreiben
- Verharmlosung und Unterschätzen von Marktveränderungen
- Keine Nachhaltigkeit als Vision (ökologisch, sozial und wirtschaftlich)
- Fehlendes Commitment für eine klare Neuausrichtung
- Fehlender Einbezug von sozialen Veränderungen (Work-Life-Balance, Burnout)
- Keine ehrliche Selbsterkenntnis
- Fehlende Umsetzungsplanung und Controlling
- Kein Verständnis für (Achtsames) Prozessmanagement

3.4 Strategie- und Führungsprozess

Der Begriff *Strategie* stammt aus dem Griechischen und bedeutet Heeresführung. Ein Stratege war im antiken Griechenland ein gewählter Heerführer (stratos = Heer, agein = führen). Heute steht Strategie für ein zielorientiertes ganzheitliches Vorgehen, einen langfristigen Plan, im Gegensatz zur kurzfristigen Taktik als Teil einer Strategie. Im Kontext des modernen Wirtschaftslebens bedeutet dies, dass Strategie Schwerpunkte setzt und zeigt, auf welche Art und Weise die Mission zu erfüllen und die Vision zu erreichen ist. Taktik als Teil der Strategie ist dabei operativ als Weg zur Erreichung von Teilzielen zu verstehen.

Strategien orientieren sich klassisch oft an Kostenführerschaft, Marktnischen oder Differenzierung. Warum nicht auch eine Achtsame Strategie, die sich an den Bedürfnissen der Beteiligten wie Kunden, Kapitalgeber, Mitarbeitenden zu gleichen Teilen orientiert?

„Ich bin erfolgreich, weil ich dahin gehe, wo der Puck sein wird, nicht dahin, wo er ist." Wayne Gretzky, erfolgreichster Eishockeyspieler aller Zeiten

„Die Kernaufgabe strategischer Führung besteht darin, die langfristige Existenzfähigkeit des Unternehmens, seinen langfristigen Erfolg und seine umfassende Konkurrenzfähigkeit sicherzustellen", sagt Professor Fredmund Malik. Nur mit der richtigen Strategie lassen sich heute die Entscheidungen treffen, die morgen den verteidigungsfähigen Marktanteil sichern und ein Unternehmen vor dem Untergang bewahren. Denn genau auf dieses künftige Bestehen am Markt zielt die

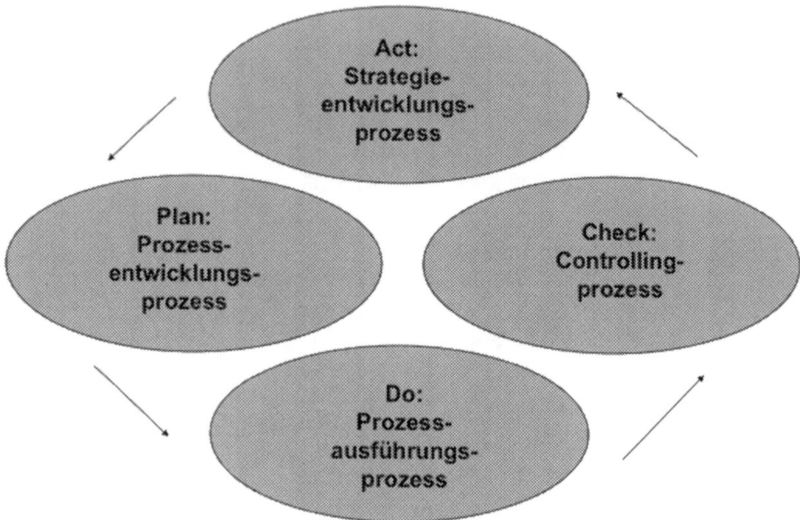

Abb. 3.5 Strategie- und Führungsprozess

richtige Strategie – nicht auf Gewinnmaximierung. Eine Achtsame Strategie berücksichtigt die wichtigsten Ressourcen, nämlich die Mitarbeitenden von Anfang an und zwar bewusst, ehrlich und authentisch.

Der Strategie- und Führungsprozess umfasst die vier Mikroprozesse (siehe Abb. 3.5):

- **Act: Strategieentwicklungsprozess** mit der Strategieanalyse, Strategieentwicklung (für Strategie, Struktur und Kultur) und Kommunikation
- **Plan: Prozessentwicklungsprozess/ Planungsprozess** mit der Prozessentwicklung, dem Aufbau von Institutionen und Instrumenten und Veränderungsmanagement

▶ Diese Phase entspricht im Prinzip dem Aufbau eines Achtsamen Prozessmanagement mit der Prozessentwicklung, Prozessführung und Prozesskultur.

- **Do: Prozessausführungsprozess/Umsetzungsprozess** mit Projekten und Optimierungen sowie deren Einführung und der konkreten Führung der täglichen Leistungs- Führungs- und Unterstützungsprozesse (*Daily Business*)
- **Check: Controllingprozess** mit Datensammlung, Prozesskostenrechnung, Analysen wie Balanced Scorecard, Aufbereitungen und Kommunikation mittels Berichten, Dashboards oder Cockpits

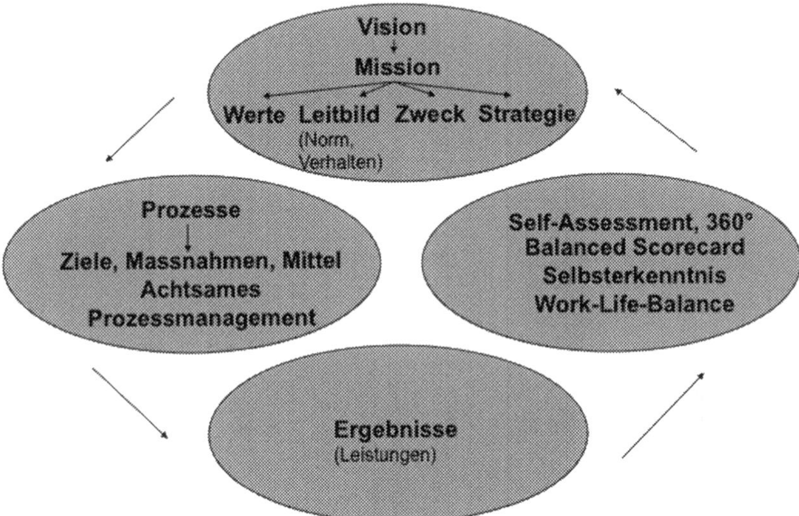

Abb. 3.6 Werkzeuge zum Strategie- und Führungsprozess

Neben den in Abb. 3.6 dargestellten Techniken gibt es weitere gängige Techniken. Insbesondere zur Strategieentwicklung gibt es auch beispielsweise SWOT-Analysen (Stärken/Schwächen, Chancen/Risiken), Portfolio-Analyse, KEF (Kritische Erfolgsfaktoren), Prozessgrundsätze, Umwelt-Analyse, Konkurrenzanalyse, Branchenanalyse, Wertvorstellungsprofil, Kundenstruktur, Ertrags- & Kostenstruktur, Imageprofil oder Innovationsanalyse. Unzählige bewährte und ausgefeilte Techniken sind vorhanden. Meist wird ein firmenspezifisches Bündel angewendet. Doch DIE Herausforderung ist, diese Techniken auch Achtsam anzuwenden. Achtsame Unternehmensführung nimmt sich bewusst Zeit, genau diesem Aspekt genügend Raum einzuräumen.

Vorgehen 4

Es stellt sich nun die Frage, wie Achtsame Unternehmensführung umgesetzt werden kann. Wie bereits ausgeführt ist die Umsetzung das Achtsame Prozessmanagement. Insbesondere stellt sich die Frage wie kommt das A (Achtsamkeit) ins UF (Unternehmensführung) oder ins PM (Prozessmanagement)? Achtsame Unternehmensführung (aUF) und Achtsames Prozessmanagement (aPM) beziehen sich auf alle drei Ebenen:

- Strategie: Achtsame Prozessergebnisse für Kunden mit Leistungen und Produkten
- Struktur: Achtsame Gestaltung der Prozesse mit Kunden, Mitarbeitenden und weiteren Anspruchsgruppen
- Kultur: Achtsame Projekt-Kultur zur Durchführung des Prozessentwicklungs-Vorhabens sowie Achtsame Unternehmenskultur insgesamt

4.1 10 Schritte

Erfahrungsbericht: Leben und arbeiten in Sydney

Ein Traum erfüllt sich, ein Jahr Sydney. Nun bin ich hier, unterstütze als Business Engineer und Trainer für Work-Life-Balance ein größeres Organisationsprojekt mit 40 Leuten. Sehe ich da richtig, die arbeiten mehr als 10 h am Tag ohne Pause, essen zu Mittag kurz ein Sandwich vor dem Bildschirm und kommen sogar noch am Wochenende ins Büro? Tausende von Seiten Projektdokumentationen werden erstellt, die niemand je liest. Die Leute sind müde und

R. Schnetzer, *Achtsame Unternehmensführung*, essentials,
DOI 10.1007/978-3-658-06265-1_4

Die 10 Schritte zu Achtsamer Unternehmensführung	
1. Selbsterkenntnis und Achtsamkeit einführen	Warum mache ich das?
2. Strategieverbindung schaffen	Wohin gehen wir als Unternehmung?
3. Leistungen definieren	Was für Leistungen bieten wir an?
4. Prozesse modellieren	Wie werden die Leistungen erbracht?
5. Institutionen und Rollen nominieren	Wer führt die Prozesse aus?
6. Instrumente und Kennzahlen bereitstellen	Womit messen wir?
7. Implementierung durchführen	Wie setzen wir das um?
8. Veränderungsmanagement machen	Warum verändern wir etwas?
9. Kommunikation sicherstellen	Weshalb mobilisieren wir?
10. Work-Life-Balance anstreben	Wohin gehe ich als Person?

Abb. 4.1 Die 10 Schritte zu Achtsamer Unternehmensführung

erschöpft, das Projekt verzögert sich. Jeder 6. Australier hat ein ernsthaftes Problem mit Stress, Alkohol und seiner Gesundheit. Sydney ist eine der schönsten Städte der Welt, Sonne, Meer, fantastische Landschaften und einzigartige Tiere wie Kängurus, Koalas und Wombats. Aber die Leute haben keine Zeit, das zu genießen. Es macht mich fassungslos, wie viele von ihnen sinnlos umherrennen und so ihr halbes Leben verpassen. Sogar hier am anderen Ende der Welt bin ich enttäuscht und empört. Und wieder ich fühle diesen Schmerz.

Projekt- und Praxiserfahrungen zeigen, dass die in Abb. 4.1 dargestellten 10 Schritte auf dem Weg zu Achtsamer Unternehmensführung entscheidend sind. Die Reihenfolge kann variieren oder Schritte können parallel sein. Doch keiner kann weggelassen werden! In welchem Management-Buch finden wir gleichzeitig Strategie, Prozessentwicklung, Work-Life-Balance und Selbsterkenntnis? Genau hier eröffnet sich eine Chance, diese Lücke zu schließen.

Ihr Unternehmen wurde wahrscheinlich nicht um die Prinzipien der Achtsamen Unternehmensführung herum aufgebaut. Allenfalls ist auch noch kein nachhaltiges von der Strategie abgeleitetes Prozessmanagement vorhanden. Eher dürfte es eine Bürokratie mit einem Dickicht aus Richtlinien und einer mehrstufigen Hierarchie sein, die Konformität, Anpassung und Vorhersagbarkeit gewährleisten sollen. Wie Max Weber vor fast einem Jahrhundert erklärt hat, ist Herrschaft die philosophische Grundlage von Bürokratie. Dort sind Manager die Vollstrecker, die dafür sogen, dass Beschäftige die Regeln einhalten, Standards beachten und Budgets nicht überschreiten. Bürokratie und Achtsame Unternehmensführung sind entgegengesetzte Ideologien!

Auf dem Weg zu Achtsamer Unternehmensführung gibt es in der Praxis drei Hürden: Eine erste Hürde liegt darin, dass erst ein kleiner Teil der Unternehmungen ein aus der Strategie abgeleitetes Prozessmanagement hat. Hier ist Grundlagenarbeit für Prozessmanagement von Nöten. Die zweite Hürde ist, dass es sich dabei um ein interdisziplinäres Vorgehen handelt. Betroffene und Beteiligte aus den verschiedensten Bereichen sind an einen Tisch zu bringen. Die dritte Hürde zeigt sich indirekt darin, dass die Zahl von Burnout-Fällen immer mehr ansteigt; es also an Selbsterkenntnis oft fehlt.

Für den Aufbau einer Achtsamen Unternehmensführung reicht es nicht aus, die Bürokratie zu beschneiden, die Ursachen müssen an den Wurzeln angepackt werden. Auch die Gründer der Demokratie haben nicht nur die Exzesse der Monarchie behoben, sondern sie abgeschafft. Ähnlich ist es mit Achtsamer Unternehmensführung: Wenn Sie sich nicht unwiderruflich darauf festlegen, werden Sie bei leicht umkehrbaren und halbherzigen Maßnahmen stehen bleiben. Dies sollte Ihnen aber nicht genügen. Trotzdem wird Ihnen niemand erlauben, die alten Strukturen und Kulturen einzureißen. Sie werden zeigen müssen, dass Achtsame Unternehmensführung nicht gleichbedeutend ist mit fehlendem Management und dass Selbsterkenntnis nicht auf Anarchie hinausläuft.

So können Sie dabei vorgehen: Die 10 Schritte zur Achtsamen Unternehmensführung beinhalten den Aufbau eines Achtsamem Prozessmanagements und leiten sich aus den drei Säulen zum Prozessmanagement (Prozessentwicklung, Prozessführung und Prozesskultur) auf der Basis von Selbsterkenntnis ab. Eine Beschreibung mit Techniken und Beispielen findet sich in meinem Buch über Achtsames Prozessmanagement.

Der erste Schritt ist eigentlich immer *Selbsterkenntnis* als Basis für alles Weitere. Dieser erste Schritt ist gleichzeitig der wichtigste, aber auch der schwierigste und ungewohnteste. Je nach Stand in Ihrer Firma in den Bereichen Kunden- und Mitarbeitendenorientierung, Leistungsdefinitionen, Führungssystemen, Unternehmenskultur, Selbsterkenntnis und Prozessmanagement muss individuell entschieden werden, in welcher Reihenfolge die 10 Schritte durchgeführt werden.

4.2 Prozessentwicklung

► Bei der **Prozessentwicklung** geht es darum, die Strategie in operative Prozesse umzusetzen; wer, was, wann, wo und wie macht. Dabei werden verschiedene Techniken angewendet. Wichtige Ergebnisse sind Prozessbeschreibungen und Prozessdiagramme, Leistungsanalysen, Arbeitsanweisungen und IT-Anforderungen. Besonderer Fokus liegt auf dem Einbezug der Kunden und Mitarbeitenden, Eigen-

Achtsames Prozessmanagement - Techniken		
Prozessentwicklung	**Prozessführung**	**Prozesskultur**
1. Prozessarchitektur	4. Prozess-Institutionen	7. Unternehmenskultur
2. Was: Makro-Entwurf	5. Prozess-Instrumente	8. Team-Entwicklung
3. Wie: Mikro-Entwurf	6. Prozess-Implementierung	9. Persönliche Entwicklung

Abb. 4.2 Achtsames Prozessmanagement – wichtigste Techniken

verantwortung, vorhandenen Freiräumen und Zeitpuffern sowie einer vernünftigen Granularität (Modellierungstiefe).

Es werden für jede Kundengruppe die Produkte und Leistungen definiert. Dann wird eine Prozesslandkarte mit den Hauptprozessen hergeleitet. Als nächstes werden für jeden Hauptprozess Prozessgrundsätze und Detailleistungen entwickelt. Bei den Prozessgrundsätzen fließen normalerweise Werte wie „schneller, besser, billiger" ein. Mit dem Blick auf Work-Life-Balance kommen aber auch ganz andere Grundsätze hinein, wie ganzheitliche Arbeit, Verantwortung, Transparenz sowie Gesundheit, Würde und Fairness. Am Schluss hat dann jeder Mitarbeitende eine Prozessbeschreibung und Arbeitsanweisungen für seine Arbeit, auch Kennzahlen und Führungsgrößen.

Achtsames Prozessmanagement ist eine zeitgemäße Weiterentwicklung von Prozessmanagement. Das Unternehmen wird dadurch produktiver und auch erfolgreicher – der Einzelne hat mehr Freude und ist ausgeglichener. Dazu werden verschiedene, sich in der langjährigen Praxis bewährte Techniken wie Prozessarchitektur, Makro-Entwurf (mit Prozessvision und Leistungsanalyse), Mikro-Entwurf (mit Ablaufplanung und IT-Anforderungen) unternehmensspezifisch eingesetzt. Prozessmanagement umfasst dabei die Prozessentwicklung (Prozesslandkarte, Prozesse), die Prozessführung (Gremien, Kennzahlen) und die Prozesskultur (Werte, Grundsätze). Zu den 9 Kern-Techniken zum Aufbau eines Achtsamen Prozessmanagements kommt die Selbsterkenntnis dazu, wie in Abb. 4.2 dargestellt. Die drei Säulen basieren auf Kundenbedürfnissen, Vision, Erkenntnissen aus der Work-Life-Balance und Unternehmensstrategie. Zentral sind dabei die in Abb. 4.4 dargestellten Fragen:

1. **Wer** sind unsere Kunden? Welches ist unsere Strategie?
2. **Was** sind unsere Leistungen? Was tun wir?
3. **Wie** tun wir es? Wie sind unsere Prozesse?

	Prozessentwicklung	Prozessführung		Prozesskultur
Wer	für die Unternehmung: Kundengruppen Produkte / Leistungen Prozesse definieren Prozesslandkarte	Rollen: Prozess Committee, Prozess-verantwortliche	Instrumente: Prozess Erfolgs-faktoren Kontinuierliche Planung	Unternehmenskultur Organisations-entwicklung Excellence-Idee Leitbild
Was	für jeden Prozess: Prozessgrundsätze Leistungsanalyse Teilprozess-Planung Kontextdiagramm	Teilprozess-Verantwort-liche Prozess-Zirkel	Prozess-Führungs-grössen Prozessziele Aktionsplan Anreizsystem	Team-Entwicklung Spielregeln Stakeholder Analyse Trainings Kommunikation
Wie	für jeden Teilprozess: Ablaufdiagramme Arbeitsanweisungen Informatik / IT-Anforderungen	Prozess-anwender Organi-gramme Organi-sation	Mess-grössen Mitarbeiter-Ziele Prozess-Controlling	Work-Life-Balance Persönliches Wachstum Weiterbildung Coaching Achtsamkeit

Abb. 4.3 Achtsames Prozessmanagement – wichtige Ergebnisse

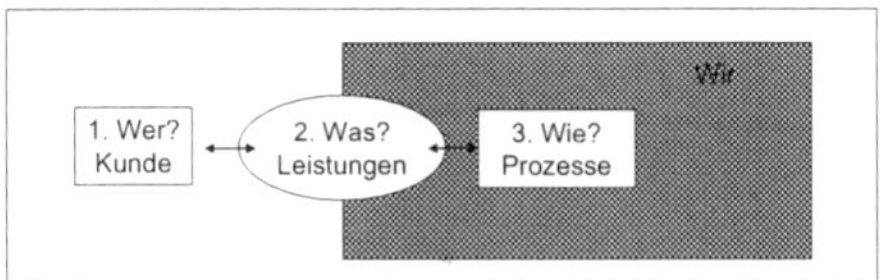

Abb. 4.4 Basisfragen: Kunde, Leistung und Prozesse

4. Macht es einen **Sinn**? (Unternehmensebene)
5. Wie fühlen **wir** uns dabei? (Teamebene)
6. Macht es **mir** Freude? (Persönliche Ebene)

Es handelt sich in Abb. 4.3 um eine Übersicht mit möglichen Ergebnissen. Es geht darum, ein Vertrauen zu erhalten, dass es sich hier um eine systematische Methode mit bewährten Techniken handelt.

4.3 Prozessführung

Prozessmanagement ist DAS Führungswerkzeug für Führungskräfte, auch für eine Achtsame Unternehmensführung.

Parallel oder etwas nachgelagert zur Prozessentwicklung werden Schritte und Maßnahmen zum Aufbau einer Prozessführung und Prozesskultur initialisiert und

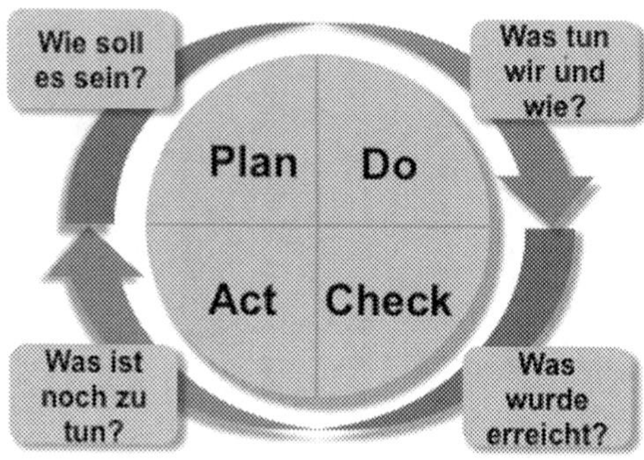

Abb. 4.5 Deming-Kreis – Plan, Do, Check, Act

durchgeführt. Das Ziel der Prozessführung ist die Erhöhung der Effizienz (richtig machen) und Effektivität (Richtiges machen) des Prozesses durch permanente Weiterentwicklung. Die drei zentralen „I-Fragen" der Prozessführung lauten:

- **I**nstitutionen → Wer ist verantwortlich?
- **I**nstrumente → Was messen wir?
- **I**mplementierung → Wie setzen wir um?

► Die **Prozessführung** umfasst zur Steuerung und Messung von Prozesse sowohl Institutionen (Rollen, Kompetenzen, Verantwortungen) als auch Instrumente (Ziele, Kennzahlen, Cockpit) und die Implementierung (Matrix, Prozessorganisation, Prozesscoaching). Besonderer Fokus liegt auf der Burnout-Prävention, Work-Life-Balance, den stimmigen Anreizsystemen, der Mitarbeiterzufriedenheit, der Excellence-Idee, der Attraktivität der Firma sowie auf Vertrauen, Achtsamkeit und Fairness.

Bewusste Prozessführung durch Prozessmanager und Prozess-Organisation ist umfassend zu verstehen. Die Prozess-Weiterentwicklung (im Prozess-Zirkel oder Projekt) ist der richtige Zeitpunkt in der bewusst Veränderungen innerhalb eines Unternehmens initialisiert werden und stattfinden. Die Selbsterkenntnis der Beteiligten ist an dieser Stelle besonders wichtig.

Jeder Prozess umfasst, wie in Abb. 4.5 dargestellt, immer die vier Phasen *Planen, Machen, Kontrollieren* und *Verbessern* (*Plan, Do, Check* und *Act)* (= sogenannter Deming – Kreis). Der PDCA-Zyklus beschreibt die Phasen im konti-

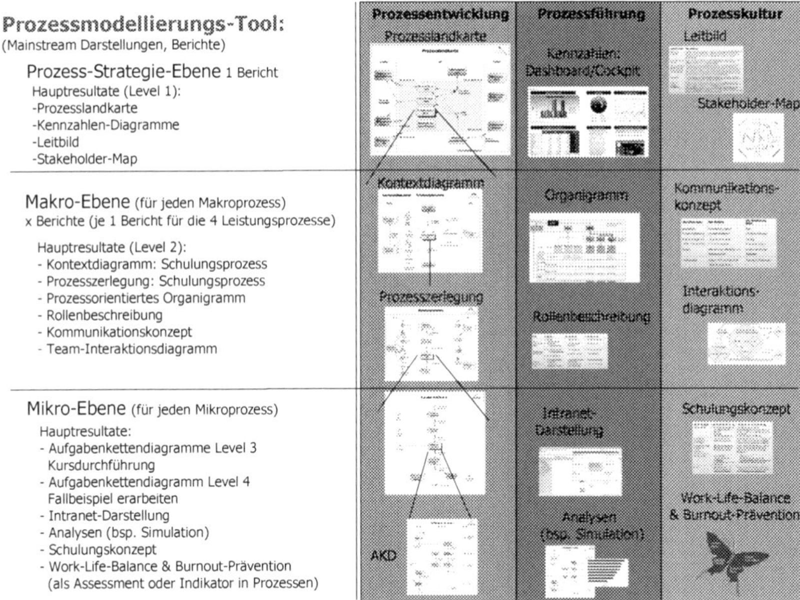

Abb. 4.6 Ebenen bei der Prozessentwicklung, Prozessführung und Prozesskultur sowie Beispiele von Darstellungen im Modellierungstool

nuierlichen Verbesserungsprozess (KVP) und damit auch die übergeordnete Führungsaufgabe. Quantitative und insbesondere qualitative Kennzahlen, welche auch Work-Life-Balance und Burnout-Prävention beinhalten, werden für alle Prozesse (Leistungs-, Management- & Unterstützungsprozesse) in einem Management-Cockpit dargestellt.

Der Aufbau eines Prozessmanagements kann schrittweise erfolgen. Die Abb. 4.6 zeigt ausgehend von der Prozessentwicklung mit ihren Ergebnissen weitere Entwicklungsoptionen in Richtung Organigramme mit Rollen und Ressourcen sowie Prozesskultur mit Leitbild, Stakeholder-Map, Kommunikationskonzept und anderem. Es ist nicht notwendig, zu beginn bereits alle Dimensionen einzubeziehen.

Die Prozessmodellierungs-Tools (Modellierungswerkzeuge) haben in der Praxis leider immer noch einen zu großen Stellenwert. Reine Dokumentation von alten, ungesunden Abläufen verändert meist nichts. Die Modellierung, Analyse und Simulation ist im Gesamtzusammenhang zu sehen. Das Werkzeug kommt erst nach der Idee und der Methode mit dem Vorgehen an dritter Stelle. Das Tool ist notwendig, aber bei weitem nicht hinreichend.

4.4 Prozesskultur (mit Exkurs zu Burnout)

Ein **Burnout-Syndrom** (engl. *burn out: ausbrennen*) ist ein Zustand ausgesprochener emotionaler Erschöpfung mit reduzierter Leistungsfähigkeit, das als Endzustand einer Entwicklungslinie bezeichnet werden kann, die mit idealistischer Begeisterung beginnt und über andauernd frustrierende Erlebnisse zu Desillusionierung, Enttäuschung und Apathie, psychosomatischen Erkrankungen und Depression oder Aggressivität und einer erhöhten Suchtgefährdung führt.

Die **Prozesskultur** beinhaltet Unternehmensvision, Werte, Grundsätze, Kommunikation, das Veränderungsmanagement sowie Erkenntnisse aus der Work-Life-Balance und umfasst die Unternehmenskultur, die Teamentwicklung und die persönliche Ebene.

Unter **Veränderungsmanagement** als Teil der **Achtsamen Unternehmensführung** werden alle Maßnahmen subsumiert, die zur Initiierung und Umsetzung von neuen Strategien, Strukturen, Kulturen, Systemen und Verhaltensweisen notwendig sind, also das Prozessmanagement mit Prozessentwicklung, Prozessführung und Prozesskultur betreffen. Besonderer Fokus sind dabei die Selbsterkenntnis, Work-Life-Balance, Achtsamkeit und Burnout-Prävention.

Bei der Prozesskultur geht es darum, Prozesse wirklich zu leben. Dazu gehören Sensibilisierung, Entwicklung, Aufbau und Verankerung einer kunden- und mitarbeitendenorientierten Prozesskultur. Dies wird durch aktive Beteiligung der Mitarbeitenden, die in den Prozessen tätig sind sowie durch den Einbezug von weiteren Interessengruppen (Stakeholder) erreicht. Erfolgsentscheidend sind Informationen, Ausbildungen und eine permanente, verständliche Kommunikation. Leider wird oft aus zeitlichen oder Ressourcen-Gründen genau diese dritte entscheidende Säule des Prozessmanagements vernachlässigt. Folgen davon sind Stress, Burnout und Ineffizienz. Ein Viertel der Arbeitsproduktivität geht wegen Gerüchten, Unsicherheit, Widerstand und Ängsten verloren. Voltaire bemerkte: „Die Kunst des Ausruhens ist ein Teil des Arbeitens". Die 12 Phasen ins Burnout, gemäß Abb. 4.7, sind schleichend. Burnout hat sich nicht nur zum Modethema entwickelt, sondern zur bitteren Realität von immer mehr Menschen.

Die 12 Phasen der Erschöpfung		
1	**Der Zwang, sich zu beweisen**	Der Betroffene erledigt seine Arbeit mit großer Begeisterung. Allerdings überschätzt er sich dabei oft und vernachlässigt seine Bedürfnisse.
2	**Verstärkter Einsatz**	Um den eigenen hohen Ansprüchen zu genügen, wird noch mehr Energie in die Arbeit gesteckt. Das Gefühl, unentbehrlich zu sein, wächst. Deshalb werden Aufgaben nur selten delegiert.
3	**Vernachlässigung eigener Bedürfnisse**	In diesem Stadium tritt das Verlangen nach Ruhe, Schlaf und Regeneration, aber auch der Wunsch nach Sex immer weiter zurück. Häufig nimmt der Konsum von Alkohol, Nikotin und Kaffee zu.
4	**Verdrängung von Konflikten und Bedürfnissen**	Um arbeitsfähig zu bleiben, blendet der Betroffene die Ansprüche seines Körpers aus. In dieser Phase nehmen Unpünktlichkeit, Vergesslichkeit und andere Fehlleistungen zu.
5	**Umdeutung von Werten**	Alte Grundsätze gelten nicht mehr viel, Freundschaften und berufliche Beziehungen werden zur Belastung.
6	**Verstärkte Verleugnung von Problemen**	Das Verhalten in den vorherigen Phasen löst Schwierigkeit aus, die wiederum verdrängt werden. Der Betroffene fühlt sich nicht anerkannt und geht nur noch ungern zur Arbeit. Er leidet erstmals unter deutlichen Leistungsschwächen und körperlichen Beschwerden.
7	**Rückzug**	Ein Gefühl der Orientierungs- und Hoffnungslosigkeit macht sich breit. Alkohol und Medikamente, aber auch Essen und Sex dienen als Ersatzbefriedigung. Das soziale Umfeld wird als bedrohlich und überfordernd empfunden.
8	**Deutliche Verhaltensänderung**	Der Betroffene wird unflexibel im Denken und Verhalten. Selbst wohlgemeinte Kritik akzeptiert er nicht und bewertet sie als Angriff. Er zieht sich immer weiter zurück.
9	**Verlust des Gefühls für die eigene Persönlichkeit**	In dieser Phase fühlt sich der Betroffene wie abgestorben und von seinem Wesen entfremdet. Es kommt ihm vor, als würde er nur noch wie eine Maschine funktionieren.
10	**Innere Leere**	Mutlos und ausgezehrt bewältigt der Betroffene seinen Alltag. Oft leidet er unter Angst und Panikattacken. Mitunter versucht er, seine Probleme mit Kauftouren, Fressorgien und exzessivem Sex zu bewältigen.
11	**Depression**	Dauerhafte Verzweiflung und Niedergeschlagenheit stellen sich ein. Spätestens jetzt kommen Selbstmordgedanken auf.
12	**Völlige Burnout-Erschöpfung**	Die nachhaltige geistige, körperliche und emotionale Müdigkeit lähmt und gefährdet das Leben: das Immunsystem ist angegriffen, die Gefahr von Herz-Kreislauf-Erkrankungen und Magen-Darm-Leiden steigt erheblich. Die Suizidgefahr ist groß.

Abb. 4.7 Die 12 Phasen der Erschöpfung (Freudenberger et al. 1981)

Erfahrungsbericht: Und wie ist es bei uns in der Schweiz, in Österreich & Deutschland?

Ich bin erschüttert. Zurück in Europa lese ich aktuelle Schlagzeilen „Junge Arbeitnehmer werden verheizt“, „Burnout-Rangliste der DAX-Unternehmen mit alarmierenden Zahlen“, „Trotz Feierabend; die Arbeit ruft“, „Auf dem Weg zur total erschöpften Gesellschaft“, „Wer hat noch Erschöpfung? Wer hat schon Krankheit?“. Oje, das darf doch nicht wahr sein. Was macht das für einen Sinn? Ich kenne die Projektarbeit im Prozessmanagement hier in Unternehmen auch sehr gut und die ist nicht wirklich viel anders als in anderen Teilen der Welt. Ich würde sogar sagen, die Situation bei uns ist noch viel schlimmer, und zwar, weil wir den Zustand der Welt und in den Firmen klar sehen können, aber nichts tun. Kann es sein, dass wir uns mit den Werten Karriere, Vergnügen und Geld gewaltig irren? Praktisch gleichzeitig erhalte ich sechs Absagen von vereinbarten Treffen mit Geschäftsleuten, die lauten: „Ich habe einen Bandscheibenvorfall, leider.“ Und: „Ich bin seit gestern in der Reha-Klinik wegen Nervenschmerzen im Bein“. Oder: „Ich lasse meinen Ellbogen operieren, der mich seit 2 Jahren schmerzt“. Sowie: „Leider hatte ich gestern einen Autounfall“. Ein Freund von mir schreibt: „Ich gehe für 4–6 Wochen in die Burnout-Klinik am Rhein.“ Ein weiterer Bekannter schreibt mir: „Ich habe keine Zeit, da ich die Backe voll Aktivitäten habe“. Innerlich bin ich erschüttert. Gibt es da nicht einen Zusammenhang zwischen Gesundheit und Aktivitäten? Was kann ich bloß tun? Ich gehe raus und am Kiosk vorbei und bin gleich wieder erstaunt: Das Geo-Magazin hat auf dem Titel: Einfach besser leben – Eine Gesellschaft ohne Wirtschaftswachstum – möglich? Der ausführliche Artikel unterstützt natürlich diese Idee. Dann da in der größten Tageszeitung: 20 % der Schweizer leiden unter Depression. Das ist doch immerhin schon jeder Fünfte! Ich komme wieder nach hause und sehe, heute ist der World Overshot Day. Das ist der Tag, an dem wir für ein Jahr alle Ressourcen schon verbraucht haben. Und es ist erst August! Also, bräuchten wir weltweit 1,5 Erden, damit sich die Ressourcen wieder erholen könnten.

Praxis 5

Im Praxisteil werden Unternehmungen vorgestellt, die manche Dimensionen der Achtsamen Unternehmensführung bereits in Balance bringen: Lieber einzelne Aspekte wie Prozessentwicklung (Struktur), Prozessführung (Strategie) oder Prozesskultur (Kultur) Achtsam gestalten, als das Ganze wegen zu hoher Komplexität abzulehnen.

5.1 Strategie – Unternehmen der Hoffnung

Praxisbeispiel: Gewinner Deutscher Nachhaltigkeitspreis – Alnatura

Der Bio-Pionier Alnatura wurde 2011 zu Deutschlands nachhaltigstem Unternehmen gewählt. Alnatura vertreibt nach ökologischen Grundsätzen produzierte Lebensmittel und Textilien, die sowohl im Handel (dm-Drogeriemarkt und tegut) als auch in den unternehmenseigenen Alnatura Super Natur Märkten verkauft werden. Sämtliche Produkte des Alnatura-Sortiments stammen seit 1984 ausschließlich aus ökologischer Landwirtschaft beziehungsweise zertifizierter Fasererzeugung. Ein ganzer Supermarkt nur mit Bio-Produkten! Seit 2013 kooperiert in der Schweiz Alnatura mit Migros.

Der Mensch ist als Kunde und Mitarbeiter Ziel und Grundlage des Unternehmens Alnatura. Unser Handeln orientiert sich an folgenden Prinzipien: ganzheitlich denken, kundenorientiert handeln und selbstverantwortlich sein. Auf der Grundlage einer ganzheitlichen Menschen- und Weltauffassung entwickeln wir unsere Unternehmensleistungen. Dazu gehört auch, vernetzt zu denken und unser Handeln immer wieder im Hinblick auf die Verträglichkeit von Mensch und Natur zu überdenken.

R. Schnetzer, *Achtsame Unternehmensführung*, essentials,
DOI 10.1007/978-3-658-06265-1_5

In Bezug auf die soziale Nachhaltigkeit überzeugt Alnatura durch eine hohe Mitarbeitervielfalt, die Realisierung flexibler Arbeitszeitmodelle, die Förderung von Frauen in Führungspositionen und eine hohe Ausbildungsquote. Das soziale Engagement des Unternehmens zeigt sich auch in der Heranführung von Kindern an den ökologischen Landbau und die Verwendung von Bio-Produkten für eine ausgewogene Ernährung.

Praxisbeispiel: Gemeinwohlökonomie – Ein Wirtschaftssystem mit Zukunft

Die Gemeinwohlökonomie von Professor Christian Felber fordert einen Wechsel vom Wachstums- und Konkurrenzdenken zum Gemeinwohl- und Kooperationsverhalten. Dazu kann eine Gemeinwohlbilanz erstellt werden mit folgenden Werten: Menschenwürde, Solidarität, ökologische Nachhaltigkeit, soziale Gerechtigkeit, demokratische Mitbestimmung und Transparenz. Diese Werte werden positiv oder negativ auf die Berührungsgruppen angewendet: Lieferanten, Geldgeber, Mitarbeitende inklusive Eigentümer, Kunden, Produkte, Dienstleistungen, Mitunternehmen sowie das gesellschaftliche Umfeld inklusive der weltweiten Natur. Bereits sind hunderte von Gemeinwohlbilanzen nach der Gemeinwohlökonomie erstellt worden.

► **(Business) Excellence** Exzellente Ergebnisse im Hinblick auf Leistung, Kunden, Mitarbeitende und Gesellschaft werden durch eine Führung erzielt, die Politik und Strategie, Mitarbeitende, Partnerschaften, Ressourcen und Prozesse auf ein hohes Niveau hebt.

In Deutschland, Österreich und der Schweiz gibt es erstaunliche Beispiele und Unternehmungen, welche eindrücklich zeigen, dass es *anders und gut* geht. Karl Gamper berichtet in seinen Büchern darüber und beobachtet: „Es gibt einen Unterschied. Den zu kennen, verändert unser Verständnis von Wirtschaft. Es ist die Unterscheidung zwischen dem kreativen Ideenkind mit Visionen, unkonventionellen, non-konformistischem Anliegen, dem Brennen des Herzens und *Business Administration* – also mit Verwaltung, Faktenwissen, Management. Beides ist vollkommen gleichwertig und gleichwichtig. Der Erfolg einer Unternehmung setzt sich aus dem Zusammenwirken – aus der Synthese – dieser beiden großen Felder zusammen. Daraus entsteht das Neue. Die Faszination Wirtschaft gründet letztlich im Mensch-Sein. Je tiefer wir unser Sein durchdringen – je mehr wir unsere eigene Multidimensionalität erfassen – desto vielschichtiger, bunter, bewusster, erfolgreicher wird unser Handeln".

Der in Deutschland ganzheitlich handelnde und sehr erfolgreiche Unternehmer Götz W. Werner beweist mit seinen 2500 dm-Drogeriemärkten, dass die Wirtschaft für die Menschen da ist und nicht umgekehrt. Er sagt auch, „dass 95 % aller Probleme in einem Betrieb sozialer Natur ist. Alle anderen sind relativ leicht zu lösen". Das Seminarhotel und Restaurant Schindlerhof von Klaus Kobjoll zeigt seit vielen Jahren, dass es auch anders geht. Alnatura, Semco, Morning Star, Southwest Airline, Victorinox oder die GLS Bank sind seit Jahrzehnten ebenfalls ganz anders unterwegs.

Der **Europäische Preis für Business Excellence** *EFQM Excellence Award* zeichnet umfassende Qualität in allen Unternehmensbereichen aus. Prämiert werden ganzheitliche Managementleistungen, die auf den Grundgedanken der Excellence – Kundenorientierung, Prozessoptimierung und Innovation – aufbauen und die nachhaltige Entwicklung von Unternehmen im Wettbewerb fördern. Gewinner sind in ganz Europa zu finden, auch aus den osteuropäischen Ländern wie aus Ungarn, Russland oder auch aus der Türkei. Weitere international anerkannte Auszeichnungen für umfassendes Qualitätsmanagement sind der *Malcolm Baldrige National Quality Award (MBNQA)* in den USA, der japanischen *Deming-Preis* oder der *Australian Quality Award*.

Gewinner dieser Preise beweisen über Jahre, dass Erfolg auch im Einklang mit menschenwürdigen Arbeitsplätzen stehen kann. Dies freut das Herz und macht Spaß. In Deutschland sind im Rahmen des Länderpreises **Ludwig-Ehrhard-Preises** etliche Werke, Unternehmen und Institutionen sowie schon mehrfach das Seminarhotel Schindlerhof ausgezeichnet worden. In der Schweiz heißt dieser Qualitätspreis **Esprix Swiss Award for Excellence**. Erfolgreiche Schweizer Unternehmen und Organisationen wie die Biscuit-Firma Kambly, der Elektronik- und Elektrobauteilehersteller Schurter, das Beratungsunternehmen pom+, die Adullam-Stiftung, die Gewerblich Industrielle Berufsschule Bern, der Sanitär Hunziker, die Zahnarztpraxis Harr oder die Caritas Schweiz wenden das EFQM-Modell mit Überzeugung und nachweisbarem Erfolg an.

Der **Deutsche Nachhaltigkeitspreis** will Unternehmen und Kommunen in nachhaltigem Handeln bestärken und helfen, die Grundsätze nachhaltiger Entwicklung in der öffentlichen Wahrnehmung besser zu verankern. Ausgezeichnet werden seit 2008 Unternehmen, die vorbildlich wirtschaftlichen Erfolg mit sozialer Verantwortung und Schonung der Umwelt verbinden. Die Auszeichnung zielt besonders auf Inspiration und Motivation der Akteure und eine möglichst breite Kommunikation vorbildlicher Leistungen. 2011 wurde Alnatura ausgezeichnet und 2012 die GLS Bank. Seit 2012 werden auch Kommunen ausgezeichnet. Deutschlands erste *nachhaltigste Großstadt* ist die Stadt Freiburg im Breisgau. Freiburg, mit mehr als 220.000 Einwohnern am Rande des Schwarzwaldes gelegen, ist seit vielen Jahren eine *erste Adresse*, wenn es um das Thema nachhaltige Entwicklung geht.

5.2 Kultur – Spaß an der Arbeit

Praxisbeispiel: Fish – Spaß am Job

Menschen, die jeden Tag aufs Neue dynamisch, energiegeladen und mit Freude ihre Arbeit anpacken... Ein Arbeitsumfeld, in dem sich Mitarbeiter völlig mit ihren Aufgaben identifizieren und wo Kundenwünsche jederzeit gutgelaunt erfüllt werden... unvorstellbar oder doch? In der mitreißende Atmosphäre auf dem Pike Place Fischmarkt in Seattle erleben sie den Spaß, den die Fischverkäufer an ihrer Arbeit haben und wie sich diese positive Einstellung auf die Kunden überträgt. Spaß am Job ist also doch möglich! FISH! ist eine ungewöhnliche Motivationsphilosophie, die veranschaulicht, wie jeder Gefallen an seiner Arbeit finden und dadurch wesentlich mehr leisten kann. Eine wahre Geschichte! Stephen C. Lundin ist Autor der millionenfach verkauften und in 34 Sprachen übersetzten Bestseller-Reihe Fish!

„Wir haben erkannt, dass das Geheimnis, die Vision eines idealen Arbeitsumfeldes aufrechtzuerhalten, darin besteht, dass jeder Einzelne von uns die Verantwortung dafür übernimmt und seinen persönlichen Beitrag leistet". Im Zentrum sind 4 Erfolgsfaktoren:

1. Spielen! Spaß und Leichtigkeit in die Tätigkeiten bringen.
2. Jemandem eine Freude bereiten! Das Positive im Umgang mit anderen fördern.
3. Präsent sein! Den Moment leben und anderen ungeteilte Aufmerksamkeit widmen.
4. Die Einstellung wählen! Erkennen, dass man seine Einstellung selbst bestimmt.

Diese Erfolgsfaktoren können auch problemlos auf das Privatleben angewendet werden. Wenn wir uns dafür entscheiden, die Arbeit, die wir tun, zu lieben, dann können wir jeden Tag Glück, Lebenssinn und Erfüllung erfahren.

Praxisbeispiel: Victorinox – Spaß durch faire Personalpolitik

Victorinox ist ein Familienunternehmen, das die berühmten Schweizer Taschenmesser macht. Es gewann den Fairness-Preis für ihre faire Personalpolitik. Diese basiert auf Integration, Employability und Gleichheit. Dahinter steht das Credo des Firmengründers Karl Elsener von 1884: „Schaffen und Erhalten von Arbeitsplätzen". Dies wird erreicht durch eine faire, soziale Integrationspolitik von Menschen verschiedener Kulturkreise, eine innovative Mitgestaltungspolitik, die in Krisenzeiten Kurzarbeit und Entlassungen aus wirtschaftlichen Gründen seit 80 Jahren verhindert sowie eine aktive Sozialpolitik mit Vaterschaftsurlaub oder auch betriebseigenen Wohnungen.

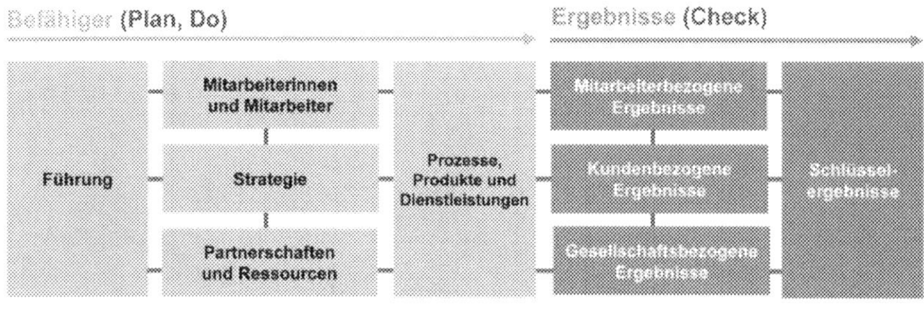

Abb. 5.1 Europäisches EFQM-Modell für Excellence – Kriterien. (www.efqm.org)

Praxisbeispiel: Gewinner Europäischer Excellence Preis – Schindlerhof

1998 wurde der Landgasthof und Seminarhotel Schindlerhof als erstes Deutsches Unternehmen mit dem European-Quality-Award ausgezeichnet (siehe dazu die Kriterien in Abb. 5.1). Weitere Auszeichnungen folgten und das Unternehmen ist immer noch sehr erfolgreich. Woran liegt das? Der Eigentümer Klaus Kobjoll vertritt die Meinung, dass Business Excellence eine ganzheitliche Führung bedingt. Das Ganzheitliche umfasse dabei nicht nur Kunden, Umwelt und Lieferanten, sondern auch die Mitarbeiter. Dies ist nur möglich, weil die Mitarbeiter dank der Transparenz die volle Verantwortung für ihre Tätigkeiten übernehmen. Kobjoll unterstreicht dabei die Wichtigkeit des Lustprinzips in der Arbeit: „Ich arbeite keine 5 min an etwas, an dem ich keine Freude habe". Folgende Statements vermitteln weitere Eindrücke des Schindlerhofs.

- Service-Qualität: „Es gibt nur einen Maßstab, und das ist der Kunde". „Wir befriedigen die hohen Ansprüche unserer Gäste ohne Einschränkungen".
- Mitarbeiter: „Erwarten Sie von Ihren eigenen Mitarbeitern eine zufriedenstellende Leistung, dürfen Sie sich nicht wundern, wenn Sie in der zweiten Bundesliga laufend Remis spielen". „Die Herzlichkeit der Mitarbeiter ist eine Erfolgsposition".
- Führen mit Visionen: „Freizeitähnliche Arbeit bei höchsten Entscheidungsspielräumen in einem freundschaftlich verbundenen Team."
- Preise: „Für mich ist Rabat(t) eine Stadt in Marokko". „Verzichten Sie auf Rabatte und Pauschalpreise. Stehen Sie zu Ihren Preisen. Wenn Sie gut sind, dann kriegen Sie Ihr Geld für Ihre Leistungen".

Für Klaus Kobjoll sind Unternehmen Spielplätze für Erwachsene! „Was braucht es für den Erfolg? Voraussetzung sind Mitarbeiter, die von ihrer Sache begeistert sind und dafür wirklich brennen – egal ob jemand Produzent oder Dienstleister ist. Wie kommt man dahin? Durch Herzlichkeit! *Wahre* Herzlichkeit ist auch die *Ware* Herzlichkeit und ein Schlüsselelement für alle Bereiche eines Unternehmens, egal, ob es sich dabei um Führung, Mitarbeiterorientierung, Prozesse, Politik oder Strategie handelt."

Praxisbeispiel: Southwest Airline – Spaß und trotzdem fortlaufende Gewinne

Die inner-amerikanische Southwest Airline ist weltweit bereits die fünftgrößte Airline nach Sitzkilometer. In den USA gehört diese Airline bereits seit über 30 Jahren zu den erfolgreichsten. Jedes Jahr wird ein Gewinn ausgewiesen und das in einer Zeit, wo andere sehr bekannte US-Airlines bereits bankrott gingen oder Staatshilfen in Anspruch genommen haben. Wie kommt das?

Southwest hat eine positive Arbeitskultur geschaffen, in der eine offene Kommunikation und starke Teamkoordination gefördert werden. Southwest funktioniert von unten nach oben. Traditionelle Status-Karrieren, administrativer Overhead und lange Entscheidungswege sind daher kein Thema. Die Prozesse von Southwest sind transparent definiert, so dass jedem verständlich ist, wo er sich einzubringen hat. Southwest führt regelmäßig Listen an wie die mit den wenigsten Verspätungen oder am wenigsten verlorenen Gepäckstücke. Vertraut wird hier nicht primär den Maschinen und Computern sondern den Menschen.

5.3 Struktur – Selbstorganisation – Management ohne Chefs

Praxisbeispiel: Semco – Management ohne Manager

Das brasilianische Unternehmen Semco ist wohl das bekannteste Beispiel einer Firma, die es ganz anders macht; eben ohne übliche Management-Ideen. Was nach einer wahnsinnig innovativen und unglaublichen Idee klingt, funktioniert in Wahrheit schon seit 20 Jahren. Der brasilianische Unternehmer Ricardo Semler leitet die Firma, die mit diesem ungewöhnlichen Konzept wahrscheinlich einen der beliebtesten Arbeitsplätze der Welt anbietet. Zu seiner besonderen Geschäftsidee veröffentlichte er mehrere Bücher, darunter Das Semco System – Management ohne Manager – Das neue revolutionäre Führungsmodell und *The Seven-Day Weekend: A Better Way to Work in the 21st Century*. Auf der Homepage des Maschinenbau-Unternehmens Semco, welches rund 3000 Mitarbeiter zählt, wird die Idee hinter dem etwas anderen Führungskonzept erläutert: Es gibt weder eine vordefinierte Hierarchie noch besonders ausgeprägte Formalitäten. Die Mitarbeitenden arbeiten in Frieden und gehen respektvoll miteinander um. Jedes Mitglied des Unternehmens wird gleichberechtigt behandelt. Somit wird die Arbeit eines jeden Einzelnen gewürdigt, was die Angestellten glücklich macht. Das Unternehmen produziert Maschinen, aber in keinem definierten Geschäftsfeld, „um die Mitarbeiter nicht zu begrenzen". Man könnte sagen, die Strategie von Semco ist es keine Strategie zu haben.

Praxisbeispiel: Vollmer & Scheffczyk – Lohn selber bestimmen

Ein Unternehmen, welches eine außergewöhnliche Führungsstrategie verfolgt, hat seinen Sitz in Deutschland. Wer bei der in Hannover und Stuttgart ansässigen Firma Vollmer & Scheffczyk angestellt ist, darf sich seinen Lohn nämlich selber aussuchen. Einzige Einschränkung: Der Betrag muss mit den eigenen Kollegen besprochen und von ihnen abgesegnet werden. Auf der Homepage des Unternehmens wird Gründer und Geschäftsführer Lars Vollmer zitiert: „Gern wird zur Gehaltsfindung der Chef herangezogen. Das suggeriert, dass er am meisten Ahnung von der Leistung des Mitarbeiters hat. Das ist aber eine Illusion. Ich weiß weder besser als meine Kollegen, wie die Leistung des Einzelnen auf dem Projekt ist, noch kenne ich den individuellen Marktwert der Kollegen".

Praxisbeispiel: Eventagentur CPP – Wirtschaftsdemokratie

Wie es sich anfühlt, ohne Captain auf der Brücke zu fliegen, das weiß auch Gernot Pflüger gut. In seiner Eventagentur herrscht Wirtschaftsdemokratie, wie er es nennt. Praktisch bedeutet das, dass die Belegschaft über alles gemeinschaftlich abstimmt und jeder mitreden darf, wenn es um Investitionen, das Einheitsgehalt oder Neueinstellungen geht. Produktivität und Innovationskraft profitieren davon enorm.

Was passiert wohl, wenn alle Angestellten selber bestimmen können, wann sie arbeiten und wann nicht, wo sie ihren Job erledigen – ob zu Hause oder im Büro – und wie viel Geld sie für die geleistete Arbeit bekommen? Wer jetzt denkt, so ein Unternehmen geht zwangsläufig den Bach runter, der täuscht sich. Es gibt bekannte Unternehmen, die seit Jahren das Gegenteil beweisen und zwar mit großem Erfolg.

Die Rolle der einzelnen Führungskraft wird überbetont. Stress, Druck und Illusion führen in erschreckendem Tempo zu vermehrten Depressionen und schmerzhaften Burnouts bei Managern. Bei den meisten Unternehmungen stehen nach wie vor noch einzelne Führungskräfte mit ihrer individuellen Verantwortung stark im Zentrum. Dies ist das Bild eines technokratischen Lenkers von außen anstatt die menschenorientierte, motivierende und fördernde Unterstützung aller Beschäftigten, bei der Selbsterkenntnis, Beziehung und Würde im Mittelpunkt steht. Ist eine *verteilte* Führung möglich?

Eigentlich ist kollektive Selbstorganisation nicht neu. Schon im Mittelalter schlossen sich Dorfbewohner zu Genossenschaften zusammen, um mit vereinten Kräften beispielsweise Deiche zu bauen. Im Ruhrgebiet erinnern sich Ältere an die Knappschaften, die Interessenvertretungen der Bergleute. Heute fallen vielen nur noch die Deutschen Volksbanken ein, die nach dem Genossenschaftsprinzip wirtschaften. Oder die *tageszeitung* (taz), die in den 70er Jahren als linkes, selbstverwaltetes Zeitungsprojekt gegründet wurde. Sogar Redaktionskonferenzen sind bei der Verlagsgenossenschaft öffentlich.

Praxisbeispiel: Unternehmung ohne Manager – Morning Star

Auf den ersten Blick wirkt Morning Star ganz normal. Die mittelgroße Firma aus Kalifornien verarbeitet Tomaten und beliefert Restaurants und Supermärkte. 400 Mitarbeiter sorgen für 700 Mio. $ Umsatz. Doch Morning Star ist anders, denn hier gibt es keinen Chef. Der amerikanische Dosentomatenherstellen schafft es, gänzlich ohne Manager auszukommen. Der Management-Vordenker Gary Hamel dazu: „Dieses Beispiel mach zwei Dinge klar. Erstens ist es mit ein wenig Fantasie durchaus möglich, scheinbar unvermeidliche Zielkonflikte wie den zwischen Freiheit und Kontrolle zu überwinden, die Organisationen schon so lange plagen. Und zweitens muss man kein naiver Romantiker sein, wenn man von Organisationen träumt, in denen das Management nichtmehr einer erlesenen Minderheit obliegt, sondern allen zusammen.“ Wie schaffen die das?

Basis ist eine Organisation auf der Grundlage von Selbstmanagement resp. Selbsterkenntnis. Die Beschäftigten handeln ihre Zuständigkeiten mit ihren Kollegen aus, jeder kann Geld des Unternehmens ausgeben, und jeder ist selbst dafür verantwortlich, die für seine Arbeit nötigen Werkzeuge zu beschaffen. Hier ist allein die Erfüllung der jeweiligen Aufgabe das Ziel – das gibt jedem Mitarbeitenden weitreichende Einflussmöglichkeiten. Beispielsweise kann jeder als Privatperson ein neues Auto für 20.000.- kaufen, aber als einfacher Angestellter dürfen Sie nicht einmal einen Bürostuhl für 500.- bestellen. „Wer Kompetenzen einschränkt, verringert den Anreiz für Mitarbeitende, zu träumen, zu fantasieren und sich einzubringen“, bemerkt Hamel. Es gilt den Weg zur Selbstorganisation über vier Schritte anzugehen, die interessanterweise dem Achtsamem Prozessmanagement entsprechen:

1. **Leistungen** vereinbaren inklusive persönliche Aufgaben schriftlich darlegen
2. **Prozesse** definieren mit voller Verantwortung dafür
3. Transparentes **Führungssystem** mit allen Informationen offen für alle
4. **Unternehmenskultur** entsprechend fördern, bsp. keine Glaubenssätze mehr erlauben, die eine Unterscheidung von Managern und Mitarbeitenden erlaubt

6 Fazit und Epilog

Wir leben in einer Zeit des Wandels, der Hektik, des Stresses, des Materialismus und der Veränderung. Mitarbeitende engagieren sich immer weniger, werden krank, brennen aus, haben Burnout. Sowohl die persönliche Work-Life-Balance als auch die umfassender World-Life-Balance ist aus den Fugen geraten. Unsere Welt scheint immer liebloser zu werden. Ist es da verwunderlich, dass wir krank werden, seelische Krisen durchmachen und dass Schwierigkeiten in unseren zwischenmenschlichen Beziehungen auftreten? Der Umgang in der Geschäftswelt ist da nicht ausgenommen.

Bronnie Ware, momentan auf den Bestseller-Listen, hat aufgrund ihrer Erfahrungen mit Sterbenden die 5 Dinge erforscht, die Sterbende am meisten bereuen (siehe Abb. 6.1). Darin ist nichts zu finden über mehr Geld, Macht, verwirklichte Strategien, optimierte Prozesse oder sich im Betrieb mehr einzusetzen. Im Gegenteil: Weniger arbeiten und sich mehr Glücklichsein erlauben sind Top-Antworten! Achtung; damit ist nicht gemeint, sich gehen zu lassen oder nicht mehr zu arbeiten.

Die Umsetzung und das Leben von Achtsamer Unternehmensführung verbinden verschiedene Management-Disziplinen wie Führung, Strategieentwicklung, Personalentwicklung, Human Resources, Prozessmanagement, Projektarbeit, Organisation, Prozessentwicklung, Change-Management, Informatik, Personal- und Teamentwicklung. Dies stellt neben der recht anspruchsvollen Herausforderung auch eine spannende Chance für Berufsbilder wie Manager, Projektleiter, Prozessmanager, Organisatoren, Wirtschaftsinformatiker und Business Analysten, Personalverantwortliche sowie für Führungspersönlichkeiten dar, sich weiter zu entwickeln und ihr gesamtheitliches Wissen einzubringen. Besser Selbsterkenntnis durch Einsicht als durch Leiden!

R. Schnetzer, *Achtsame Unternehmensführung*, essentials,
DOI 10.1007/978-3-658-06265-1_6

1. Ich wünschte, ich hätte den Mut gehabt, **mein Leben zu leben** und nicht das Leben, das andere für mich vorgesehen hatten.
2. Ich wünschte, ich hätte **nicht so viel gearbeitet**.
3. Ich wünschte, ich hätte den Mut gehabt, **meine Gefühle zu zeigen**.
4. Ich wünschte, ich wäre **mit meinen Freunden in Verbindung** geblieben.
5. Ich wünschte, ich hätte mir **erlaubt glücklicher zu sein**.

Abb. 6.1 5 Dinge, die Sterbende am meisten bereuen. (Bronnie Ware 2013)

Anders als bisher; wenn nicht wir – wer denn? Es ist wichtig, dass wir lernen, unsere Probleme zu betrachten, anstatt sie zu verdrängen. Nur dann können wir sie verarbeiten und etwas ändern. Welche verdeckten und bisher unbewussten Verhaltensweisen treiben uns in den Unternehmungen an. Kann es sein, dass das weitverbreitete Konkurrenzdenken und der Wachstumsglaube ein Irrtum sind? Es fühlt sich so an. Wie sähe eine Welt mit Kooperation und Gemeinwohl als Geschäftswerte aus? Können Sie sich das vorstellen?

Für **Wahrheit und Wirklichkeit** einzustehen, brachte schon immer in der Konsequenz Verfolgung und Ächtung von Seiten der Machthabenden mit sich, da diese ein Interesse daran haben, Wahrheit und Wirklichkeit gemäß ihren Vorstellungen zu manipulieren. In diesem Sinne ist es ein Qualitätszeichen und Gütesiegel, angegriffen zu werden. Natürlich kann das bedrohlich und beängstigend sein. Aber jeder von uns bekommt vom Schicksal auch nur die Herausforderungen aufgebürdet, die ihm helfen, diejenigen Gefühle zu integrieren, die in ihm noch nicht vollständig Platz gefunden haben. Verraten werden zum Beispiel, Ausgeschlossensein oder Im-Stich-gelassen-Sein. Wenn man das persönliche Leben so sieht und entsprechend als Chance und Herausforderung nimmt, wird es leicht. Da vertraue ich auf die von Victor Hugo angesprochenen Kraft: „Nichts ist mächtiger als eine Idee, deren Zeit gekommen ist."

Die Aborigines in Australien haben keine Vorstellung und keine Wörter für zwei Dinge, die uns moderne Menschen am meisten beschäftigen: Den Verlauf der Zeit und die Anhäufung von Besitz. Ach, was sind uns diese Menschen voraus! Von Herzen wünsche ich Ihnen viel Mut, klare Einsichten und ein authentisches, bewusstes und stimmiges Handeln. Nun liegt es an Ihnen.

> **Management Summary – Achtsame Unternehmensführung** 90 % der Firmen haben eine formulierte Strategie, wobei nur 10 % die darin vorgegeben Zielvorgaben erreichen. 8 von 10 Firmenchefs erwarten ein wesentlich komplexeres Umfeld, aber weniger als die Hälfte weiß, wie sie erfolgreich damit umgehen sollen. Bis 70 % der Projekte in Unternehmungen scheitern. 85 % der Mitarbeitenden

sind nicht engagiert. Ein Viertel der Arbeitsproduktivität geht wegen Gerüchten, Unsicherheit, Widerstand und Ängsten verloren. Nur 7 % der Betriebe haben bereits ein Prozessmanagement und in den Firmen sind mindestens 50 % der Manager Burnout-gefährdet. Das liegt nicht an den Methoden, sondern am mangelnden BewusstSein und fehlender Selbsterkenntnis!

Immer mehr Menschen verbringen die besten Jahre ihres Lebens mit einem Job, den sie nicht mögen, um immer mehr Dinge zu kaufen, die sie nicht brauchen, um einen Lebensstil zu führen, den sie nicht genießen. Die Prozessentwicklung, ganzheitlich verstanden, ist der einzige Zeitpunkt, in der tatsächlich bewusst Veränderungen innerhalb einer Firma stattfinden und Selbsterkenntnis ist das einzige effektive Mittel.

Achtsame Unternehmensführung resp. Achtsames Unternehmensmanagement umfasst auf der Basis von Selbsterkenntnis, Achtsamkeit und Work-Life-Balance (Life-Domain-Balance) alle Aktivitäten (Strategie, Strukturen und Kulturen) und damit alle Prozesse in einem Unternehmen. Dazu gehören auch die Strategie- und Führungsprozesse, die Persönlichkeitsentwicklung und das Prozessmanagement. Die Umsetzung erfolgt durch Achtsames Prozessmanagement.

Achtsames Prozessmanagement umfasst bewusst gestaltete Arbeitsprozesse, die methodisch von der Strategie abgeleitet werden unter Berücksichtigung der Work-Life-Balance eines jeden Mitarbeitenden auf der Basis von Selbsterkenntnis. Der Nutzen von Achtsamem Prozessmanagement ist: Aus der Strategie abgeleitete, umgesetzte Prozesse (Prozessentwicklung), faire und stimmige Führung (Prozessführung) sowie engagierte und gesunde Mitarbeitende (Prozesskultur) führen zu besseren Leistungen und Produkten und somit zu zufriedenen Kunden und besseren Geschäftsergebnissen.

Was Sie aus diesem Essential mitnehmen können

- Verschafft solides Verständnis, was Achtsamkeit ist und wie sie mit Führung kombiniert werden kann.
- Zeigt einen prägnanten Einblick in Idee, Vorgehen und Praxis der Achtsamen Unternehmensführung.
- Führt in Prozessmanagement und Achtsamkeit ein.
- Demonstriert, wie Work-Life-Balance und Burnout-Prävention auf Selbsterkenntnis basieren.
- Methodik zur Umsetzung mittels Achtsamem Prozessmanagement.

R. Schnetzer, *Achtsame Unternehmensführung*, essentials,
DOI 10.1007/978-3-658-06265-1

Literatur

Beaulieu J, Ledermann A, Schnetzer R (2009) Polarity – Das grosse Grundlagen- und Arbeitsbuch. AT Verlag, Aarau

Binswanger M (2012) Sinnlose Wettbewerbe – Warum wir immer mehr Unsinn produzieren. Herder Verlag, Freiburg i. Br.

Buchhorn E, Kröher ORM, Werle K (2012) Burnout – Stilles Drama – Deutschlands erstes Burnout-Ranking. Manage Mag 6/12:104–112

Eisenstein C (2012a) Die Renaissance der Menschheit – Über die grosse Krise unserer Zivilisation und die Geburt eines neuen Zeitalters. Scorpio Verlag, München

Eisenstein C (2012b) Keine Forderung kann gross genug sein. Scorpio Verlag, München

Eisenstein C (2013) Ökonomie der Verbundenheit – Wie das Geld die Welt an den Abgrund führte – und dennoch jetzt retten kann. Scorpio Verlag, München

Felber C (2012) Gemeinwohl-Ökonomie – Eine demokratische Alternative wächst. Zsonay Verlag, Wien

Frey BS, Frey Marti C (2010) Glück – Die Sicht der Ökonomie. Rüegger Verlag, Zürich

Gallup (2013) Pressemitteilung 6. März 2013: Innere Kündigung bedroht Innovationsfähigkeit Deutscher Unternehmen. Engagement Index 2012

Gamper K (2007) Es ist alles gesagt – Wie schön Wirtschaft sein kann – 22 Unternehmer/innen setzen Zeichen. Edition.Gamper.com

Gamper K (2009) Erfolg ist menschlich – Geschichten, die die Wirtschaft schreibt. Strahlende Beispiele. Kamphausen Verlag, Bielefeld

Gappmaier M et al (1998) Geschäftsprozessmanagement mit menschlichem Antlitz. Universitätsverlag Rudolf Trauner, Linz

Gilding P (2012) Die Klimakrise wird alles ändern – Und zwar zum Besseren. Herder Verlag, Freiburg i. Br.

Gittins R (2011) The happy economist. Allen & Unwin Inc

Gore A (2006) Eine unbequeme Wahrheit. Riemann Verlag, Bünde

Hammer M, Champy J (1994) Business Reengineering – Die Radikalkur für das Unternehmen. Campus Verlag, Frankfurt a. M.

Hess T (1996) Entwurf betrieblicher Prozesse – Grundlagen – Bestehende Methoden – Neue Ansätze. Deutscher Universitätsverlag/Gabler Verlag, Wiesbaden

Hessel S (2012) Empört euch, 19. Aufl. Ullstein Verlag, München

Kabat-Zinn J (2013) Achtsamkeit für Anfänger. Arbor Verlag, Freiburg

R. Schnetzer, *Achtsame Unternehmensführung*, essentials,
DOI 10.1007/978-3-658-06265-1

Kennedy M (2011) Occupy Money – Damit wir ALLE zukünftig die Gewinner sind. Kamphausen Verlag, Bielefeld

Kobjoll K (2000) Abenteuer European Quality Award – Motivaction III. Orell Füssli, Zürich

Kobjoll K (2009) Wa(h)re Herzlichkeit. Orell Füssli, Zürich

Krishnamurti J (2012) Das Wesentliche ist einfach – Antworten auf die Fragen des Lebens. Herder Verlag, Freiburg i. Br.

Küstenmacher WT, Seiwert LJ (2008) Simplify your life – Einfacher und glücklicher Leben. Droemer/Knauer Verlag, München

Lechner C, Müller-Stewens G (2011) Strategisches Management – Wie strategische Initiativen zum Wandel führen. Schäffer-Poeschl Verlag, Stuttgart

Lundin SC, Paul H, Christensen J (2003) Fish – Ein ungewöhnliches Motivationsbuch. Goldmann Verlag, München

Malik F (2013) Strategie: Navigieren in der Komplexität der Neuen Welt. Campus Verlag, Frankfurt a. M.

Minnone C (2012) Business Process Management – Die Kluft zwischen Geschäftsprozessen und Strategie. Studie der ZHAW. Outsourcing J Eur Q2/3:70–73

Osho (2004) BewusstSein – Beobachte ohne zu urteilen. Ullstein Verlag, München

Österle H (1995) Business Engineering – Prozess- und Systementwicklung – Bd 1: Entwurfstechniken. Springer, Berlin

Osterloh M, Frost J (2006) Prozessmanagement als Kernkompetenz – Wie Sie Business Reengineering strategisch nutzen können. Gabler, Wiesbaden

Palmisano SJ (2010) Unternehmensführung in einer komplexen Welt – Global CEO Study. IBM

Radermacher FJ, Beyers B (2011) Welt mit Zukunft – Die ökosoziale Perspektive. Murmann Verlag, Hamburg

Schnetzer R (1997) Business Process Reengineering (BPR) und Workflow-Management-Systeme (WFMS) – Theorie und Praxis in der Schweiz. Shaker Verlag, Aachen

Schnetzer R (1999a) Business Process Reengineering – kompakt und verständlich. Vieweg Verlag, Wiesbaden

Schnetzer R (1999b) Workflow-Management – kompakt und verständlich. Vieweg Verlag, Wiesbaden

Schnetzer R (2001) Business Excellence – effizient und verständlich. Vieweg Verlag, Wiesbaden

Schnetzer R (2012) Achtsames Prozessmanagement – Anders als bisher; wenn nicht jetzt – wann dann? Hörbuch, Zürich

Schnetzer R (2013) Achtsame Unternehmensführung – Anders als bisher; wenn nicht jetzt – wann dann? Hörbuch, Zürich

Schnetzer R (2014) Achtsames Prozessmanagement – Work-Life-Balance und Burnout-Prävention für Unternehmen und Mitarbeitende. Springer, Berlin

Seiwert LJ (2004) Kursbuch Lebens-Zeit – Wie Sie den Fahrplan für Ihre Lebens-Balance bestimmen. Seiwert-Institut, Heidelberg

Seiwert LJ (2009) Noch mehr Zeit für das Wesentliche. Goldmann Verlag, München

Seiwert LJ (2011) Ausgetickt – Lieber selbstbestimmt als fremdgesteuert – Abschied vom Zeitmanagement. Ariston, München

Strack R et al (2012) Erfolgreich reorganisieren – Sechs Faktoren machen den Unterschied. Z Führ + Organ ZFO: Schäffer-Poeschel. 5/2012:300–306 (Stuttgart)

Nhat Hanh T (2013) Goldene Regeln der Achtsamkeit. Herder Verlag, Freiburg i. Br.

Tolle E (2012) Jetzt – die Kraft der Gegenwart. Kamphausen Verlag, Bielefeld
von Münchhausen M (2004) Die vier Säulen der Lebensbalance – Ein Konzept zur Meisterung des beruflichen und privaten Alltags. Ullstein Verlag, München
Werner GW (2004) Wirtschaft – das Füreinander-Leisten. KIT Scientific Publishing, Karlsruhe
Widmer S (1998) Du bist Schönheit – Krishnamurti angewandt im Alltag. Basic Edition, Gerolfingen
Widmer S (2010) Die Kriegertexte. Basic Edition, Gerolfingen
Ziegler J (2011) Der Aufstand des Gewissens – Die nicht-gehaltene Festspielrede 2011. Eco-Win Verlag, Wien
Ziegler J (2012) Wir lassen sie verhungern. Bertelsmann Verlag, Bielefeld

Filmverzeichnis

Arntz W, Vicente M, Chasse B (2004) What the Bleep do we (k)now
Arthus-Bertrand Y (2010) Die Erde von oben
Arthus-Bertrand Y (2012) Home
Boote W (2010) Plastic planet
Chaplin C (1936) Moderne Zeiten
Dannoritzer C (2013) Kaufen für die Müllhalde
Fechner CA (2011) Die 4. Revolution
Gamble F (2010) Gedeihen
Geyrhalter N (2006) Unser tägliches Brot
Goder S (2010) Der Film deines Lebens
Jackson M (2010) Dienstags bei Morrie
Losmann C (2011) Work hard – play hard
Norberg-Hodge H (2011) Die Ökonomie des Glücks
Salva V (2006) Peaceful Warrior – Der Pfad des friedvollen Kriegers
Shadyac T (1998) Patch Adams
Transition (2010) In Transition
Turteltaub J (2001) The Kid – Image ist alles
Wagenhofer E (2005) We feed the world

Sachverzeichnis

R. Schnetzer, *Achtsame Unternehmensführung,* essentials,
DOI 10.1007/978-3-658-06265-1